GrafiTäter & GrafiTote

Ard u.a.: **Der Mörder würgt den Motor ab**
Leo P. Ard/Michael Illner: **Flotter Dreier**
Leo P. Ard/Michael Illner: **Gemischtes Doppel**
Leo P. Ard/Reinhard Junge: **Der Witwenschüttler**
Leo P. Ard/Reinhard Junge: **Meine Niere, deine Niere**
Leo P. Ard/Reinhard Junge: **Die Waffen des Ekels**
Leo P. Ard/Reinhard Junge: **Das Ekel schlägt zurück**
Leo P. Ard/Reinhard Junge: **Das Ekel von Datteln**
Leo P. Ard/Reinhard Junge: **Bonner Roulette**
Dorothee Becker: **Mord verjährt nicht**
Dorothee Becker: **Der rankende Tod**
Jacques Berndorf: **Eifel-Schnee**
Jacques Berndorf: **Eifel-Filz**
Jacques Berndorf: **Eifel-Gold**
Jacques Berndorf: **Eifel-Blues**
Horst Eckert: **Bittere Delikatessen**
Horst Eckert: **Annas Erbe**
Harald Irnberger: **Geil**
Harald Irnberger: **Stimmbruch**
Harald Irnberger: **Richtfest**
Andreas Izquierdo: **Das Doppeldings**
Andreas Izquierdo: **Der Saumord**
Reinhard Junge: **Klassenfahrt**
Jürgen Kehrer: **Spinozas Rache**
Jürgen Kehrer: **Schuß und Gegenschuß**
Jürgen Kehrer: **Wilsberg und die Wiedertäufer**
Jürgen Kehrer: **Kein Fall für Wilsberg**
Jürgen Kehrer: **Killer nach Leipzig**
Jürgen Kehrer: **Gottesgemüse**
Jürgen Kehrer: **In alter Freundschaft**
Jürgen Kehrer: **Und die Toten läßt man ruhen**
Agnes Kottmann: **Tote streiken nicht**
Leenders/Bay/Leenders: **Feine Milde**
Leenders/Bay/Leenders: **Jenseits von Uedem**
Leenders/Bay/Leenders: **Belsazars Ende**
Leenders/Bay/Leenders: **Königsschießen**
Fabian Lenk: **Brandaktuell**
Hartwig Liedtke: **Tod auf Rezept**
Hartwig Liedtke: **Klinisch tot**
Reiner Nikula: **Laurins Garten**
Reiner Nikula: **Tödliches Schach**
Reiner Nikula: **Ein Stückchen Hirn**
Theo Pointner: **Scheinheilige Samariter**
Theo Pointner: **Tore, Punkte, Doppelmord**
Werner Schmitz: **Mord in Echt**
Werner Schmitz: **Nahtlos braun**
Werner Schmitz: **Dienst nach Vorschuß**
Werner Schmitz: **Auf Teufel komm raus**
Gabriella Wollenhaupt: **Grappa und der Wolf**
Gabriella Wollenhaupt: **Grappa fängt Feuer**
Gabriella Wollenhaupt: **Grappa dreht durch**
Gabriella Wollenhaupt: **Grappa macht Theater**
Gabriella Wollenhaupt: **Grappas Treibjagd**
Gabriella Wollenhaupt: **Grappas Versuchung**

grafit

© 1994 by GRAFIT Verlag GmbH
Chemnitzer Str. 31, D-44139 Dortmund
Alle Rechte vorbehalten.
Umschlagfoto: ART STUDIO Hendricks, Kleve
Druck und Bindearbeiten: Fuldaer Verlagsanstalt
ISBN 3-89425-045-3
7. 8. 9. / 98 97 96

Hiltrud Leenders / Michael Bay / Artur Leenders

Jenseits von Uedem

Kriminalroman

|g|r|a|f|i|t|

Die Autoren:

Hiltrud Leenders, geboren 1955 in Nierswalde (Niederrhein), hat Germanistik und Anglistik studiert. Von 1979 bis 1982 war sie als Übersetzerin tätig. Sie ist Mutter von zwei Söhnen.

Michael Bay erblickte 1955 in Rheine (Westfalen) das Licht der Welt und verdient als Diplompsychologe in Bedburg-Hau sein Geld. Er ist verheiratet und hat drei Kinder.

Dr. Artur Leenders, Vater oben genannter Jungen, ist 1954 in Meerbusch (Rheinland) geboren. Als Chirurg im Emmericher Krankenhaus sorgt er für das Überleben seiner Familie.

Alle drei Mitglieder des Trio Criminale wohnen in Kleve. Seit 1988 konspirieren sie in gemeinsamer Wertschätzung von Doppelkopf, Clouseau, Pin Sec und Monty Python's Flying Circus. Bisher sind von ihnen erschienen: *Königsschießen* (1992, GRAFIT-Verlag; nominiert für den ›Glauser 1992‹, den Autorenpreis deutschsprachiger Kriminalschriftsteller) und *Belsazars Ende* (1993, GRAFIT-Verlag).

Der Februar ist in Salinas meistenteils feucht, kalt und von allerlei Unheil erfüllt.

Jenseits von Eden, John Steinbeck

1

Ihm war sterbenselend.

Mit beiden Händen klammerte er sich an die Kloschüssel, um nicht nach vorn zu kippen. Er konnte nicht aufhören zu würgen, obwohl schon längst nichts mehr rauskam. Kalter Schweiß stand ihm auf der Oberlippe und in den Augenbrauen, sammelte sich in seinem Nacken.

»Gerhard?« Fritz bollerte an die Klotür. »Was ist los? Bist du da drin?«

Er würgte eine Zustimmung.

»Kann ich was tun? Komm, ich bring' dich nach Hause.«

Zitternd richtete Gerhard te Laak sich auf und schüttelte den Kopf hin und her, um das Schwindelgefühl zu vertreiben, dann entriegelte er die Tür und tastete sich hinaus.

»Nee, laß mal, geht schon wieder.«

Sein Freund sah ihm zweifelnd ins wachsgraue Gesicht. »Das ist doch nicht normal. Jetzt bist du schon zum vierten Mal hier unten. Du hast dir bestimmt was Fieses eingefangen.«

»Ach Quatsch«, grunzte te Laak, »ich hab' bloß was Falsches gegessen.«

Er wankte zum Waschbecken, drehte den Kran auf und schaufelte sich mit den Händen Wasser ins Gesicht. Es war lauwarm. Als er sich im Spiegel sah, erschrak er.

Er probierte ein Grinsen. »Komm, laß uns wieder hochgehen. Ich trink' mir noch ein Alt. Das beruhigt den Magen.«

Er mußte sich am Treppengeländer festhalten, um die Stufen nicht zu verfehlen, aber als sie ins Foyer hinaufkamen, waren seine Schritte schon wieder sicherer.

Die Stimmung auf der ›Herrensitzung‹ schlug Wogen; in der Bütt schilderte Hein Pitz seine letzte Thailandreise und erntete eine ›Rakete‹ nach der anderen.

Te Laak und sein Freund drängelten sich zwischen den Stühlen nach vorn bis zu Tisch 7, wo die anderen Jungs saßen.

»Na, Gerd«, klopfte ihm Willi auf die Schulter, »geht et wieder?«

»Klaro«, griente te Laak und war froh, daß er wieder saß. »Laß mal 'n Bier rüberwachsen.«

Der Kellner hatte ihnen ein Tablett mit zwanzig Alt dagelassen, damit die Herren sich ausreichend bedienen konnten.

Te Laak kippte das Bier auf ex und wischte sich über den Mund.

Sein Darm machte eine quälende Umdrehung. Te Laak unterdrückte ein Stöhnen und stemmte sich langsam aus dem Stuhl hoch. Jemand schien ihm ein Messer in den Bauch gerammt zu haben und drehte es jetzt langsam hin und her.

Er würgte laut, wässeriger Durchfall lief an seinen Beinen herab. Seine Knie gaben nach, er schlug mit dem Kinn an der Tischkante auf, sackte zu Boden und erbrach sich.

Da lag sein verkrümmter Körper zwischen Tischbein und Stuhl. Er hatte keine Schmerzen mehr.

Willi schlug ihm auf die Wangen, rüttelte an den Schultern. Der Hausmeister kam gelaufen, ein Kellner. Die Herren in der Umgebung waren aufgesprungen und starrten erschrocken auf die leblose Hülle.

Er fühlte sich warm und fröhlich und verstand die Aufregung nicht.

Der Hausmeister hievte den Körper hoch, der Kellner faßte mit an. Zusammen schleppten sie ihn hinaus und die Treppe hinunter in den Garderobenraum. Willi, Fritz und die anderen kamen hinterher.

Der Kopf schlug hart gegen die Wand.

»Mein Gott, Sie brechen ihm ja alle Knochen«, schnauzte Fritz.

»Er atmet nicht«, stöhnte Willi.

»Rufen Sie den Notarzt«, bellte der Hausmeister den Kellner an.

Sie legten seinen Körper auf den Steinboden vor dem Toiletteneingang. Alle redeten durcheinander.

Was für ein Theater!

Te Laak hörte Fritz denken: »Vierzig Jahre kennen wir uns. Der kann doch jetzt nicht einfach sterben!«

Er liebte ihn dafür.

Da kam Papa.

»Komm«, sagte Papi und lächelte. »Ich freue mich, daß du bei mir bist.« Er nahm ihn bei der Hand, so wie früher, als er noch klein war. »Komm, mein Junge, wir wollen gehen.«

Es war so gut, ihn wiederzusehen!

Zwei Sanitäter mit einer Trage kamen die Treppe heruntergestürzt, der Notarzt mit einem orangefarbenen Koffer. Komisch, der hatte gelbe Gummistiefel an.

Sie schoben einen Tubus und ackerten wie wild an dem Körper herum. Was für eine Hektik!

Die anderen standen stumm am Garderobentresen. Fritz weinte.

»Komm«, sagte Papa, »es wird Zeit.«

Hinter dem großen Tor war ein herrliches, strahlendes Licht. Er ging hindurch und fühlte nichts als Frieden.

»Exitus«, sagte der Notarzt und hob hilflos die Schultern.

Astrid Steendijk, die junge Kommissarin vom K 1, hatte sich an diesem Karnevalswochenende freiwillig zum Dienst einteilen lassen. Sie verabscheute den ganzen aufgesetzten Frohsinn, die schwachsinnigen Gesänge und vor allem das Gegrabsche der Kerle, die sich in ihrem Suff für unwiderstehlich hielten.

Der Tag heute war vollkommen ruhig gewesen. Morgens hatte sie im Präsidium ein paar Akten aufgearbeitet, allen möglichen Kleinkram erledigt, war dann nach Hause gefahren, hatte ein paar *Zeiträtsel* gelöst, sich was gekocht, gegessen und ausgiebig gebadet.

Als der Anruf kam, stand sie gerade vor dem Spiegel und überlegte, ob sie sich nicht doch endlich von ihrer langen, dunklen Mähne trennen und sich eine peppige rote Kurzhaarfrisur zulegen sollte. Sie klemmte den Telefonhörer zwischen Schulter und Ohr und flocht, während sie zuhörte, ihr Haar zu einem Zopf.

»Laut Notarzt ist die Todesursache unklar«, meinte der Diensthabende aus der Zentrale.

»Okay«, nuschelte Astrid durch das Haargummi zwischen ihren Zähnen, »dann fahr' ich mal hin.«

Es war kurz nach Mitternacht, als sie ihren Wagen schräg auf dem Bürgersteig vorm Stadthalleneingang abstellte. Sie fand es nicht weiter schlimm, daß sie damit quasi die Durchfahrt blockierte, denn der Streifenwagen ihrer grünen Kollegen parkte genauso quer.

Einer der Beamten stand an der Treppe, die zur Garderobe und zu den Toiletten führte, und hatte alle Hände voll zu tun, ein paar »Herren« in Schach zu halten. Das reichlich genossene Bier machte ordentlich Druck auf die Blase, und die Männer fanden es überhaupt nicht komisch, daß man sie nicht zum Klo lassen wollte.

Astrid hatte Mühe, sich an dem Pulk erhitzter Körper vorbeizuschlängeln.

Der Tote lag auf dem Rücken, den Mund weit offen. Wenigstens hatte ihm jemand die Augen geschlossen.

Es stank nach Erbrochenem und Kot.

Am Garderobentresen standen vier Männer und sprachen leise mit einem anderen Kollegen, den Astried noch nicht kannte.

Der Notarzt kam auf sie zu. »Sie sind von der Kripo?« fragte er hastig.

»Ja, Steendijk. Guten Abend. Was ist los?«

»Tja«, rieb er sich die Nasenwurzel, »der Mann hier ist bei der Veranstaltung zusammengebrochen. Als wir ankamen, war er schon tot. Wir haben noch reanimiert, aber ...« Er zuckte die Achseln und glättete mit beiden Händen sein Haar. »Sie sehen ja selbst. Erbrechen, wässeriger Durchfall. Es sieht mir ganz nach einer Vergiftung aus.«

»Welches Gift?« fragte Astrid.

Der Arzt zog blasiert die Augenbrauen hoch. »Sehr schwer zu sagen. Da kommen Hunderte in Frage.«

»Klar, aber um welche Stoffgruppe handelt es sich?« beharrte sie.

»Stoffgruppe? Keine Ahnung.«

Sie seufzte innerlich, gab aber noch nicht auf. »Welche Symptome haben Sie denn festgestellt?«

»Das sagte ich doch eben schon«, meinte er unwirsch. »Erbrechen und Durchfall.«

»Und wie waren die Pupillen? War er kaltschweißig?«

Er sah sie ausdruckslos an. Was für eine Pflaume, dachte sie.

»Gute Frau, Sie brauchen einen Spezialisten. Da muß ein Toxikologe ran. Ich bin nur Orthopäde.«

Astrid nickte nur und sah wieder hinunter zum Toten.

Von oben schallte eine Lachsalve herunter und ein quäkendes Tä-tää, Tä-tää, Tä-täää.

»Ich habe noch was anderes zu tun«, drängte der Arzt.

»Ja, gut. Wir fordern dann Ihr Protokoll an«, antwortete sie und drehte sich zu den vier bleichen Männern um.

»Wieso Protokoll? Ich brauche doch gar keins zu schreiben.«

»Doch, doch. Sie schreiben uns eins«, sagte sie leise und ging zum Garderobentresen.

»Guten Abend. Ich bin Frau Steendijk.«

»Das sind die Freunde von dem Verstorbenen«, meinte der

Kollege und kam einen Schritt auf sie zu. »Sie waren bei ihm, als er bewußtlos wurde. Kommen Sie, erzählen Sie der jungen Kommissarin, was passiert ist.«

Die Männer sahen sich gegenseitig an.

»Nein«, sagte Astrid bestimmt. »Es reicht, wenn ich mich zunächst mit einem von Ihnen unterhalte. Mit Ihnen vielleicht«, wandte sie sich an Friedrich Schmitz, der ihr am nächsten stand. »Würden Sie drei bitte oben im Foyer auf mich warten?«

Der Kollege hatte offenbar Probleme mit ihr. Er zog die Augen zusammen und hob das Kinn.

Sie schaute den Männern nach, wie sie schweigend die Treppe hochgingen.

»Wie heißt der Tote?« fragte sie den Beamten.

»Te Laak. Die fünf Männer waren gemeinsam ...«

»Später«, meinte Astrid und bemühte sich um ein freundliches Lächeln. »Sagen Sie mir erst mal, wo er zusammengebrochen ist.«

»Oben im Saal.«

»Im Saal? Dann gehen Sie besser hoch und sorgen dafür, daß niemand was anfaßt, daß nichts verändert wird. Am besten lassen Sie sich von einem der Freunde zeigen, an welchem Tisch sie gesessen haben.«

Der Polizist grinste merkwürdig. »Meinen Sie nicht, wir sollten lieber die Veranstaltung da oben abbrechen, Frau ... Kommissarin?« Dabei ließ er seinen Blick langsam über ihren Körper gleiten.

»Nein, noch nicht«, sagte sie kalt. »Gehen Sie hoch. Ich komme gleich nach. Warten Sie«, überlegte sie kurz, »wir sollten den Toten nach nebenan in den VHS-Raum bringen. Wenn die Sitzung da oben aus ist, wollen die alle ihre Mäntel haben, und dann ist hier der Teufel los. Rufen Sie einen zweiten Streifenwagen. Die Kollegen können mit anfassen. Und verständigen Sie den ED und den Hauptkommissar.«

Der Kollege kniff die Lippen zusammen und wandte sich abrupt zum Gehen.

Astrid legte Friedrich Schmitz kurz die Hand auf den Unterarm. »Wollen wir uns nicht lieber draußen unterhalten?«

»Ja.«

Sie gingen zur hinteren Tür hinaus auf den Parkplatz. Astrid lehnte sich gegen ein Auto und suchte in ihrer Handtasche nach Zigaretten.

»Wollen Sie auch eine?«

»Nein, danke.«

Sie steckte die Zigaretten wieder weg und sah ihn aufmunternd an. »Erzählen Sie mir einfach von Anfang an, was heute abend passiert ist.«

Er seufzte. »Ja, also, ich habe Gerd zu Hause abgeholt. Die Karten hatten wir schon seit Monaten. Er sah schlecht aus und meinte, er hätte wohl irgendwie was Falsches gegessen. Aber da hab' ich mir noch nichts dabei gedacht! Ja, dann sind wir hergefahren und haben die anderen getroffen. Erst war alles noch ganz normal, nur daß Gerd ein bißchen blaß war. Dann ging er aufs Klo, und als er wiederkam, sah er noch schlechter aus als vorher. Aber er machte Witze und trank sich ein Bier. Viermal ging das so. Beim vierten Mal bin ich hinterher. Er war auf dem Klo, und ich hörte, wie er da rumwürgte. Ich hab' gesagt, ich fahr' dich nach Hause, aber er meinte, Quatsch, und es wär' schon in Ordnung. Als er vor mir herging, war er ganz wackelig. Dann hat er sich an den Tisch gesetzt und sich ein Bier genommen. Ja, und dann hat er auf einmal angefangen zu würgen und ist zusammengesackt. Der Hausmeister und der Kellner haben ihn sofort nach unten getragen. Aber da hat er schon nichts mehr gesagt. Ich glaub', da war er schon tot.« Fritz schluckte und sah sie an.

»Wer saß außer Ihnen noch am Tisch?«

»Bloß wir fünf.«

»Was hat te Laak gegessen und getrunken?«

»Gegessen? Bloß ein paar Pitjes. Und Bier hat er getrunken, genau wie wir anderen auch.«

»Hat er Ihnen gesagt, was er vorher gegessen hat? Wovon ihm so schlecht war?«

»Nein, hat er nicht. Er hat das ja auch die ganze Zeit so runtergespielt.«

»Gut«, sagte Astrid. »Sie können dann zu Ihren Freunden gehen. Es wird nicht mehr lange dauern.«

Er nickte. Der Schock hatte ihn wohl ernüchtert. Nach seiner Bierfahne zu urteilen, mußte er mächtig gebechert haben.

Astrid ging hinauf in den Saal.

Den Kollegen entdeckte sie an einem Tisch ziemlich weit vorn. Sie ignorierte das Männerballett auf der Bühne und schob sich durch.

»Die Gläser sind alle noch auf dem Tisch«, begann der Beamte sofort, »und die Pitjes auch, bloß ... die hatten schon angefangen ... aber ich hab' sofort ...«

Sie folgte seinem Blick.

Neben dem Tisch stand ein Eimer mit Wasser, auf dem in dicken Fettaugen hellbraunes Erbrochenes schwamm, daneben lag in einer schleimigen Pfütze ein Aufnehmer.

»Ist schon in Ordnung«, sagte Astrid. »Wie lange geht der Rummel hier noch?«

»Die Kellnerin meint, noch 'ne halbe Stunde.«

»Dann lohnt es sich nicht abzubrechen. Würden Sie so lange hierbleiben?«

Er sah sie verwirrt an. »Wenn ich soll ...«

»Ja. Bis später.«

Sie ging hinaus, an Friedrich Schmitz und den drei anderen Bleichen vorbei, die auf der schwarzen Ledergarnitur warteten, die Treppe hinunter und suchte den Hausmeister. Mit ihm und den Kellnern mußte sie auf jeden Fall noch sprechen. Was war im Saal vorgefallen? Hatten sie irgendwas beobachtet? Und warum, um Himmels willen, hatten die den Mann zwei

Treppen runtergeschleppt, anstatt ihn bloß bis ins Foyer zu bringen und ihm dort zu helfen?

Als sie wieder zur Garderobe wollte, kam Toppe herein. Er warf ihr einen kurzen Blick zu, den nur sie verstand. Ihr Magen schlug einen kleinen Purzelbaum. Kein Mensch wußte, daß sie ein Verhältnis miteinander hatten. Seit er vor sechs Wochen bei seiner Frau und seinen beiden Söhnen ausgezogen war, hatten sie sich nicht mehr allein getroffen, und Astrid fragte sich, ob es dieses »Verhältnis« eigentlich noch gab.

Er sah müde aus und mager.

2

»Haben Sie die Kotze asserviert, Frau Steendijk?« Berns vom Erkennungsdienst kniete neben dem Toten.

»Nein«, antwortete Astrid. »Da ist nur der Aufnehmer, mit dem alles weggewischt worden ist.«

»Na, ist ja auch scheißegal, die Kacke hier haben wir ja auf jeden Fall«, grinste er sie herausfordernd an.

Sie grinste müde zurück. Von ihm ließ sie sich nicht reizen; den Gefallen tat sie ihm nicht.

Die Herrensitzung war zu Ende, der Saal war leer, es war still geworden.

Berns sah sich unten den Toten an und wollte dann die Toiletten untersuchen. Van Gemmern, der zweite ED-Mann, war oben und sammelte die Bierreste, die Erdnüsse und die Gläser ein, machte Fotos. Toppe redete mit te Laaks Freunden. Vom Hausmeister und den Kellnern hatte Astrid nichts Wichtiges erfahren. Denen war im Saal nichts aufgefallen. »Ich dachte, der wär' total besoffen, und solche Typen setzen wir normalerweise vor die Tür«, hatte der Hausmeister gemurrt. »Aber dann hab' ich gemerkt, der ist bewußtlos und braucht einen

Arzt. Da haben wir ihn nach unten gebracht. Ich konnt' ihn ja schlecht mitten in der Tür liegen lassen, wo Jan, Pitt und alle Mann vorbeikommen.«

Die beiden Leute vom Bestattungsunternehmen kamen. Berns frotzelte mit ihnen herum. Astrid hörte etwas von »Nasenklammer« und verschwand lieber.

Te Laaks Freunde gingen gerade hinaus.

Toppe klappte seinen Notizblock zu.

»Gibt's was bei dir?« fragte Astrid.

»Nee«, meinte er. »Die erzählen übereinstimmend, daß es dem Mann schon schlecht ging, als er kam. Wer weiß, vielleicht hatte der bloß eine Salmonellenvergiftung.«

Soviel wußten sie inzwischen: Der Tote hieß Gerhard te Laak und kam aus Kellen. Er war dreiundvierzig Jahre alt und lebte mit seiner Mutter in einer Dreizimmerwohnung, in der er auch sein Büro hatte. Er war Versicherungskaufmann und betrieb nebenher eine kleine Privatdetektei.

»Dann wollen wir mal zu seiner Mutter fahren«, seufzte Toppe. »Kommst du?«

Im Hinausgehen hörten sie den Bestatter fluchen: »Es ist doch immer derselbe Mist! Pack mal mit an!« Dann ein lautes, kurzes Krachen und das metallische Scheppern des Sargdeckels.

Sie gingen zu ihren Autos. Astrid sah Toppe vorsichtig von der Seite an. »Du siehst müde aus.«

»Ja.«

»Wie ist die neue Wohnung?«

»Leer«, antwortete er und blieb stehen.

Sie strich vorsichtig mit der Fingerspitze über seinen Bauch.

»Astrid, ich ...«

»Ist schon gut. Laß uns zu te Laaks Mutter fahren.«

Sie wollte ihn in Ruhe lassen. Er brauchte Zeit für sich. Zeit, auch herauszufinden, welche Rolle sie in der Geschichte seiner Ehemüdigkeit spielte. Dabei konnte sie ihm nicht helfen, und sie hatte Angst, etwas kaputtzumachen.

Sie fanden zwei freie Parklücken direkt vor te Laaks Wohnung im Jungferngraben. Sie lag im Erdgeschoß eines stillosen Blocks aus den frühen Sechzigern, dessen Eigentümer eine auffallende Vorliebe für Beton hatte: Pflastersteine statt Grün im Vorgarten, eine Sichtbetonmauer statt einer Hecke und Waschbetonplatten als Weg.

Herta te Laak hatte offenbar noch nicht geschlafen, denn unmittelbar nachdem Toppe geklingelt hatte, ertönte der Summer, und sie konnten hinein. Die Frau stand in der offenen Wohnungstür und wich erschrocken zurück. »Ich dachte, es wär' mein Sohn.«

Toppe hob beruhigend die Hände und zog seinen Dienstausweis aus der Tasche. »Wir sind von der Kriminalpolizei.«

Frau te Laak mußte Mitte Siebzig sein. Ihren hellgrünen Morgenrock mit Bubikragen hatte sie bis zum Hals zugeknöpft. Sie war ziemlich klein, nicht gerade dick, hatte aber ein imposant ausladendes Hinterteil und kurze, fleischige Arme. Ihr Gesicht war rund und weich, die Augen dunkel. Sie fuhr sich ordnend mit den Händen durch das graue, störrische Haar.

»Kriminalpolizei? Ist was mit meinem Jungen?«

»Ja«, nickte Toppe. »Dürfen wir hereinkommen?«

Sie wurde ihrer Erschütterung kaum Herr. Schluchzend und immer wieder in ihr nasses Taschentuch beißend, stammelte sie zusammenhanglose Sätze: »Was hab' ich denn jetzt noch im Leben? ... all die ganzen Jahre ... immer verzichtet ... mein Ein und Alles ... Gift, oh mein Gott ... ich hab's ihm immer gesagt, diese Detektivideen ... wir hatten doch unser Auskommen ...«

Toppe und Astrid warteten geduldig, bis sie ein wenig leiser wurde.

»Frau te Laak, können Sie uns sagen, was Ihr Sohn heute gegessen hat?« fragte Toppe schließlich.

Sie sah verstört auf und schluckte. »Wir hatten Rouladen und Rotkohl zu Mittag. Und Mirabellen aus dem Glas.«

»Und abends?«

»Da hab' ich ihm Reibekuchen gebacken, mit Apfelmus.«

»Haben Sie dasselbe gegessen?« fragte Astrid.

»Ja, sicher.«

»Was hat Ihr Sohn heute gemacht?«

»Heute morgen war er die ganze Zeit im Büro, und nach dem Essen ist er weggefahren. Ich weiß nicht, wohin. Um zehn nach vier war er wieder zu Hause. Und dann ist er zu der Herrensitzung. Ich hab' noch gesagt, ich warte. Ich warte immer, bis er nach Hause kommt.«

Dann weinte sie wieder laut.

Astrid griff nach ihrer Hand. »Haben Sie jemanden, der heute nacht bei Ihnen bleiben kann?«

Herta te Laak schüttelte lange den Kopf. »Ich habe keinen Menschen mehr.«

»Eine Nachbarin vielleicht?«

Sie zuckte die Schultern. »Vielleicht Frau Gerdes nebenan ...«

Astrid verschwand wortlos.

Toppe sah sich in der neonbeleuchteten Küche um. Die Möbel waren alt und paßten nicht zusammen, aber alles war pieksauber. Auf der Eckbank lag, ordentlich gefaltet, eine orangefarbene Synthetikdecke, auf dem Resopaltisch eine angefangene Patience. An den Wänden hingen zahllose Katzenpostkarten in Wechselrahmen und verblichene Trockengestecke, ein Kalender von der Volksbank, zwei auf schwarzem Grund gestickte Hundebabies.

Toppe stand auf, ging zur Spüle, nahm eines der beiden

Gläser, die dort umgekehrt auf dem Abtropfgitter standen, und füllte es mit Wasser. Frau te Laak nahm es ihm ab und trank es abwesend in einem Zug leer.

Astrid kam zurück. »Ihre Nachbarin kommt sofort, Frau te Laak.«

»Danke«, sagte die Alte stimmlos.

Toppe legte ihr die Hand auf die Schulter. »Es tut mir leid.«
Dann gingen sie.

3

Das Schrillen des Telefons riß Toppe aus dem Schlaf. Er hatte Mühe, sich zu orientieren. Mit geschlossenen Augen griff er nach rechts, aber da war nichts, und der Apparat klingelte weiter. Er rollte sich von der Matratze auf den Fußboden und nahm das Telefon vom Stuhl.

Es war sein Freund Arend Bonhoeffer, der Pathologe vom Emmericher Krankenhaus, der für die Kripo die gerichtsmedizinischen Untersuchungen machte.

»Morgen, Helmut. Hast du noch geschlafen?«

»Hmpf.«

»Ihr seid wirklich sonnig! Da habt ihr mir ja etwas Nettes beschert, damit ich mich am Wochenende bloß nicht langweile.«

»Na ja, der Notarzt meinte, es könnte sich um eine Vergiftung handeln.«

»Ich fange jetzt gleich mit der Sektion an. Kommst du selbst rüber?«

Toppe zögerte. Bei einer Leichenöffnung mußte immer ein Kripobeamter anwesend sein. Wenn es irgendwie ging, drückte Toppe sich. Der scharfe Geruch, der in den Räumen der Prosektur klebte, löste bei ihm unweigerlich einen Brechreiz aus, und er konnte in dem Leichnam immer nur den toten Menschen sehen, dessen Gesichtsausdruck ihn manchmal noch tagelang verfolgte. Aber heute hatte er keine Wahl.

»Muß ich wohl.«

»In Ordnung. Um halb zehn?«

Toppe sah auf seine Uhr: zwanzig vor neun. »Ja, könnt' ich wohl schaffen. Bis gleich.«

Er schlurfte in die Küche, die immer noch genauso ungemütlich war wie gestern: Der alte Herd von seinen Schwiegereltern, ein kleiner Kühlschrank, den sein Kollege van Appeldorn noch im Keller gehabt hatte, an der Wand ein Ikea-Klapptisch mit zwei roten Plastikstühlen davor. Die Sachen hatte seine Frau vor Jahren ausrangiert und auf den Speicher gestellt, genauso wie den braunen Hängeschrank und das Sammelsurium von Geschirr und Töpfen.

Er schaltete den Boiler ein, der mit der Spüle zur Wohnungseinrichtung gehört hatte, und griff nach dem Glas Pulverkaffee. So langsam mußte er sich mal dran gewöhnen, regelmäßig einzukaufen. Im Kühlschrank waren nur noch zwei Eier und ein Becher Margarine, auf dem Tisch stand eine angebrochene Knäckebrotpackung. Spiegeleier also.

Während er aß, starrte er die kahle Wand an. Es wurde höchste Zeit, etwas zu unternehmen. Geld war keins da; die Miete war zwar niedrig, aber schließlich mußte das Haus ja auch noch abbezahlt werden, und Gabi und die Kinder verbrauchten auch nicht gerade wenig. Als er hier eingezogen war, hatte er sich ausgemalt, sich in aller Ruhe nach und nach ein paar schöne Möbel zuzulegen; alte Sachen ruhig, die er selbst restaurieren würde. Eins der drei Zimmer sollte Kinderzimmer werden, damit seine beiden Söhne wenigstens zeitweise auch bei ihm wohnen konnten. Einen großen Eßtisch hatte er sich vorgestellt, mit Freunden drumherum, die er bekochen würde.

Er schnaubte. Das Kinderzimmer war leer, er schlief auf einer Matratze, im Wohnzimmer stand außer dem Fernseher nur das rosa Sofa, das Christian nicht mehr in seinem Zimmer hatte haben wollen. Alles ausrangiert, weil es nicht mehr gut genug gewesen war. Toppe hatte in den letzten Wochen nichts getan außer arbeiten und fernsehen, essen und schlafen.

»Na ja«, grinste er in sich hinein, »wenigstens hat mein Leben in letzter Zeit einen Rhythmus gekriegt.«

Alle wußten von seiner Trennung, aber keiner sprach ihn darauf an. Mit Gabi hatte er seit sechs Wochen kein Wort gewechselt, dabei war so viel zu regeln. Und Astrid? Ach, Scheiße! Es reichte, Schluß mit dem Selbstmitleid! Er mußte sich endlich in den Hintern treten und sein Leben neu sortieren.

Astrid war nicht zu Hause, also versuchte er es im Präsidium. Sie nahm sofort ab.

»Was machst du denn da schon so früh?« fragte er.

Sie lachte. »Bin eben ein pflichtbewußter Mensch. Ich schreibe den Bericht.«

»Arbeitet der ED auch?«

»Nur van Gemmern. Kommst du gleich?«

»Nein, noch nicht. Bonhoeffer hat gerade angerufen. Ich fahr raus zur Pathologie. Und was hast du noch vor?«

»Ich wollte noch mal mit der Mutter sprechen und mir te Laaks Zimmer und das Büro ansehen.«

»Ja, mach das. Aber tu nicht zuviel. Vielleicht ist er ja doch eines natürlichen Todes gestorben.«

»Oder es war Selbstmord...«

»Eben. Astrid...« Er zögerte.

»Ja?«

»Ich hab' dich wirklich sehr gern.«

»Ich weiß, Helmut«, sagte sie traurig und legte auf.

Arend Bonhoeffer stand groß und schlank mit seiner weißen Gummischürze in der Tür zur Prosektur und sprach mit seinem Sektionsgehilfen.

»Da bist du ja!« schüttelte Boenhoeffer Toppe die Hand. »Dann fangen wir jetzt mal an. Willst du dich wieder da hinten in die Ecke setzen?« grinste er.

»Spotte du nur«, antwortete Toppe. »Nein, ich werde mich nicht in die Ecke setzen. Diesmal gucke ich zu.«

Bonhoeffer zog überrascht die Brauen hoch, sagte aber nichts.

Toppe kämpfte mit seiner Übelkeit, drehte sich jedoch beherzt zu dem Stahltisch um und zwang sich, den Leichnam anzuschauen. Am Tatort fiel ihm das doch meistens überhaupt nicht schwer.

Der tote Körper lag auf dem Rücken, den Kopf leicht nach hinten gekippt, und die starke Lampe über dem Tisch ließ jedes Körperhaar, jede Narbe, jeden Pickel unnatürlich klar hervortreten. Toppes Blick fiel auf die klobigen Instrumente auf dem Rollwagen: große Messer und grobe Sägen, die so gar nicht medizinisch wirkten, und er schauderte.

Arend Bonhoeffer nahm sein Diktaphon: »Dreiundvierzigjährige männliche Leiche in leicht adipösem Ernährungszustand; Muskulatur normal entwickelt; Haarfarbe mittelblond, Scheitel rechts. Augenfarbe?«

Der Assistent hob mit einer Pinzette die Augenlider des Toten an. »Blau«, sagte er.

»Reizlose, ca. drei Zentimeter lange Appendektomienarbe«, fuhr Bonhoeffer fort. »Zahnstatus ...«

Toppe hörte nicht mehr zu. Die Prosektur hatte die Intimität einer Bahnhofshalle; weiße Kacheln an den Wänden, auf dem Fußboden. Die Decke konnte einen neuen Anstrich vertragen.

»Vermutlich postmortal aufgetretene Unterschenkelbrüche beidseits«, diktierte Bonhoeffer.

Toppe stutzte.

»Wahrscheinlich war der Sarg mal wieder zu kurz«, erklärte Bonhoeffer trocken. Dann streifte er sich die Handschuhe über. »Du kennst das ja alles schon, Helmut. Ich will dich nicht lange mit der üblichen Routine langweilen. Auch wenn wir annehmen, daß es sich hier um eine Vergiftung handelt, muß ich die ganze Palette machen.«

Er ging langsam um den Toten herum, drehte ihn dann auf die Seite und untersuchte auch den Rücken, der dunkel war von den Totenflecken. »Keine äußeren Verletzungen, keine Einstichstellen, keine Schädelverletzung«, diktierte er.

Toppe entspannte sich langsam. Arends Sachlichkeit machte es ihm leicht, und er stellte erstaunt fest, daß sein Interesse wuchs und die Übelkeit abnahm.

»Körperöffnungen«, nickte Bonhoeffer seinem Gehilfen zu.

Der Mann öffnete den Mund des Toten. »Mund geschlossen, Lippeninnenseite unverletzt, keine Ätzspuren, Erbrochenes«, sagte der Assistent knapp, nahm dann eine Art Löffel, holte eine Probe aus der Mundhöhle und gab sie in ein Becherglas, das er beschriftete.

Inzwischen machte Bonhoeffer weiter: Nase, Ohren, Genital, After. Er entnahm eine Stuhlprobe.

»Eigentlich müßte ich mich um die Eingrenzung der Todeszeit ja nicht weiter kümmern«, meinte er, diktierte dann aber: »Totenstarre voll ausgeprägt; Verschwinden der Totenflecken auf Fingerdruck und beim Umlagern. Keine Hornhauttrübung.«

Als Bonhoeffer den Brust- und Bauchraum öffnete, schluckte Toppe schwer, aber als die Organe entnommen und eingehend untersucht wurden, konnte er schon wieder hinschauen.

»Willst du mal sehen, wie ein gesunder Herzmuskel aussieht?«

Toppe ließ sich erklären. »Und so eine Nichtraucherlunge ist richtig ästhetisch, nicht wahr?«

Nach anderthalb Stunden zog Bonhoeffer die Handschuhe aus, wusch sich die Hände mit Desinfektionsmittel und meinte: »Was jetzt kommt, ist für dich ausgesprochen langweilig.

Ich muß den Magen- und Darminhalt, das Blut und den Urin untersuchen. Nach dem Zustand der Leber und der Nieren und wegen ein paar anderer Merkmale kann ich eine Medikamentenintoxikation ausschließen. Das sieht mir nach was Spannendem aus. Es ist eine ziemliche Fisselsarbeit, und ich brauche eine Portion Glück. Drück mir die Daumen.« Seine Augen blitzten unternehmungslustig.

»Dann will ich dich mal lieber alleine lassen. Rufst du mich an, wenn du ein erstes Ergebnis hast?« wollte sich Toppe verabschieden.

»So eilig hab' ich's ja nun auch wieder nicht. Der Sonntag ist sowieso kaputt. Komm, laß uns den obligatorischen Calvados trinken.«

Bonhoeffer nahm Toppe mit in sein winziges, fensterloses Büro. Dort holte er die Calvadosflasche aus dem Schreibtisch, goß zwei große Schnapsgläser voll und schob Toppe eins rüber.

»Prost!«

»Prost«, erwiderte Toppe, trank und schüttelte sich. Er mochte eigentlich keinen Calvados, aber dieser eine nach jeder Sektion war zu einer Art Ritual geworden.

»Du siehst schlecht aus«, meinte Arend unvermittelt.

Toppe nickte nur.

»Bist du heute abend zu Hause?«

»Wahrscheinlich«, erwiderte Toppe vage. Er wußte nicht so genau, ob er die Einmischung wollte.

»Hast du was gegen Besuch?«

»Sofia und du?«

»Nein, nur ich«, sagte Bonhoeffer ernst.

»Okay«, nickte Toppe.

Frau te Laak sah elend aus, und man konnte auch heute noch nicht allzuviel mit ihr anfangen. Nein, sie wisse wirklich nicht, wohin ihr Sohn gestern nachmittag gefahren sei. Es sei niemand bei ihm im Büro gewesen; es kämen überhaupt nur selten Leute. Über Probleme habe er nicht gesprochen; er hätte keine gehabt. Als Astrid einen möglichen Selbstmord ansprach, wurde die Mutter giftig. »Sind Sie nicht gescheit? Mein Junge hatte es doch gut!« Nein, er habe keine Freundin gehabt. »Mein Sohn war sehr schüchtern. Leider – ich habe mir immer eine nette Schwiegertochter gewünscht.«

Das wagte Astrid zu bezweifeln: Gerd te Laak hatte nicht mal ein eigenes Zimmer gehabt; er hatte sich mit seiner Mutter das Ehebett geteilt.

Astrid sah sich das Büro an. Anscheinend hatte te Laak seine Informationen und Berichte hauptsächlich im Computer gespeichert, denn sie fand keine Karteikästen, nur ein paar Aktenordner mit Versicherungskram und eine Kiste voller Fotos, die vielleicht etwas mit seiner Detektivarbeit zu tun hatten. Na prima! Sie war die einzige im Team, die sich mit einem PC auskannte, und sie sah sich schon mit roten Augen Stunde um Stunde vor dem Bildschirm hocken.

Die Schreibtischlade war abgeschlossen. »Wissen Sie, wo der Schlüssel ist?« fragte Astrid die Mutter, die die ganze Zeit argwöhnisch in der Tür gestanden hatte. Die Frau zögerte einen Moment, ging dann zu einem Regal, zog ein Buch vor und fischte den Schlüssel heraus.

In der Schublade lag ganz vorn ein Stapel großkotziger Visitenkarten, dunkelgrün mit Goldschrift, die te Laak als »Privatermittler« auswiesen, daneben ein Terminkalender und ein Adreßbuch. Astrid entdeckte die Telefonnummern mehrerer einschlägiger Clubs. Schwul war er also wohl nicht gewesen. Weiter hinten in der Lade fand sie ein paar Pornomagazine, die man bestimmt auch heute noch nur unter dem Ladentisch bekam, und eine Menge kleiner Notizzettel mit kurzen Sätzen oder auch nur einzelnen Wörtern. Te Laak hatte eine ausgeprägt kindliche Handschrift gehabt. Außerdem fand Astrid einen breiten, silbernen Freundschaftsring mit Sternzeichengravur, einen Dreierpack Kondome und zwei verschiedene Stapel Briefe, jeweils mit rotem Gummiband gebündelt. Sie sah sie flüchtig durch. Der erste Packen, hellblaues Luftpostpapier, kam von einer gewissen Mei Li aus Thailand. Die Briefe waren in ungelenker Handschrift und dürftigem Englisch verfaßt. Der letzte war keine vier Wochen alt. Das andere Bündel trug bundesdeutsche Briefmarken und war ein ganzes Stück älter. Offenbar hatte te Laak doch einmal, als er bei der Bundeswehr war, eine Freundin gehabt. Es war eine Klever Absenderin, und der letzte Brief stammte aus dem Jahr 1969. Diese Schublade hier beherbergte anscheinend te Laaks gesammeltes Privatleben. Ziemlich armselig, dachte Astrid, und selbst dazu hat seine Mutter den Schlüssel.

Sie beließ die Sachen einstweilen an ihrem Ort, versiegelte den Raum und ging.

Als sie im Büro gerade ihren etwas mageren Bericht tippte, kam Toppe.

»Hallo! Wie war's?« fragte Astrid bemüht munter.

»Besser als sonst. Ich war gerade bei van Gemmern oben, aber der hat noch nichts für uns.«

Sie erzählte ihm von Mutter te Laak und dem Ehebett.

»Meinst du, die haben's miteinander ...?« grinste sie.

»Was hast du bloß für eine unanständige Phantasie!« flachste er zurück.

Sie blitzte ihn herausfordernd an. »Och, da könnte ich dir noch ein paar ganz andere Sachen erzählen ...«

»Tu's doch«, sagte er und kam zu ihr, aber noch ehe er sie berühren konnte, schrillte das Telefon.

Es war Bonhoeffer. Toppe hörte ruhig zu, machte sich ein paar Notizen und meinte nach einer Weile: »Und ich hatte so gehofft, daß es nicht zu einem Fall auswachsen würde!«

»Tja«, lachte Bonhoeffer, »ich hätt's dir wirklich gern erspart. Meinen Bericht kriegst du am Dienstag, in Ordnung? Bis heute abend; ich bring' Wein mit.«

»Und?« fragte Astrid gespannt.

»Eine Pilzvergiftung, Knollenblätterpilz«, antwortete Toppe.

»Pilzvergiftung? Aber um diese Jahreszeit gibt es doch gar keine Pilze!«

»Nein.«

»Höchstens tiefgefroren.«

»Bonhoeffer hat im Magen und im Stuhl Spuren vom Knollenblätterpilz gefunden«, erklärte Toppe. »Te Laak ist an einer Amanitin-Vergiftung gestorben. Er hat die Pilze mindestens fünf Stunden vor seinem Tod zu sich genommen, aber Bonhoeffer ist sich, aufgrund der Menge, ziemlich sicher, daß es sieben bis zehn Stunden gewesen sein müssen.«

»Ob die Mutter ihm die in die Rouladen getan hat?«

»Wohl kaum«, meinte Toppe. »Aber natürlich müssen wir auch das überprüfen.«

»Sieben bis zehn Stunden«, überlegte Astrid, »das wäre die Zeit, in der er nicht zu Hause gewesen ist ...«

»Auf jeden Fall müssen wir jetzt auch noch van Appeldorn und Heinrichs das Wochenende verderben«, seufzte Toppe und zog das Telefon heran, um die beiden Kollegen anzurufen.

4

»Der Leib Christi.«

Er liebte das Licht. Kühl, diffus erhellte es den Altarraum.

Er legte die nächste Hostie in eine offene Hand.

»Der Leib Christi.«

Es störte ihn nicht, daß nur so wenige zur Morgenmesse

gekommen waren. Schließlich war Karneval, und das Volk, triebhaft und schwankend im Glauben, feierte.

Die, die dem Heiligen Geist nahe waren, die wahre Kirche, nur diese Brüder und Schwestern waren dem Herrn wichtig.

Der heilige Rest – glücklich, dem Herrn zu dienen, seine Liebe und Fürsorge in sich zu spüren.

»Der Leib Christi.«

Die tiefe spirituelle Freude in der Hingabe an Gott, an den Vater. Jesus nacheifern, wie er selbst es tat; auch er opferte sich täglich auf für die Sünden seiner Mitmenschen.

»Der Leib Christi.«

Den Ruf hatte er früh vernommen. Die Spiele der Kameraden, ihre Fragen, ihre Probleme hatten ihn nie interessiert. Schon immer war er dem Alltag, dem Konkreten gegenüber vorsichtig gewesen. Verachtet hatte er sie, jene Zweifler, die am Leben klebten.

»Der Leib Christi.«

Auf die spirituelle Größe kam es an. Die Größe Gottes erfahren!

»Der Leib Christi.«

Seit er endlich in seinem Dienst stehen durfte, hatte er es gut verstanden, seine kleine Herde zusammenzuhalten. Es war seine Pflicht, den Ausbrechern aus der Herde, den verirrten Schafen, den Zorn Gottes zu vermitteln.

»Das Blut Christi.«

Er nahm einen tiefen Schluck, stellte den Kelch ab, bedeckte ihn mit dem Tuch.

Der Wein zog eine glühende Spur die Kehle hinunter, bis in den Magen.

Die Brust wurde ihm eng, er konnte kaum atmen.

Zu sterben im Hause des Herrn! Gab es ein größeres Glück? In Deinem Haus, in Deinen Diensten.

Er liebte das Licht. Die Schmerzen sind Gnade. Ich gehe zum Schöpfer. Wasser und Blut, wie Du, Christus ...

Der Lektor bemerkte als erster, daß etwas nicht stimmte. Er sah, wie der Pastor die Augen aufriß, mit der Hand zum Bauch fuhr. Als er strauchelte, wußte es auch die Gemeinde.

Er lag am Boden, das Gesicht eisgrau, mit blutleeren Lippen und röchelte gurgelnd.

»Ach, du heilige Scheiße! Wat macht der denn da für 'n Quatsch?« rief einer der Meßdiener.

Der Pfarrer zuckte, schlug mit den Armen, die Augen verdreht, krümmte sich in spastischen Krämpfen.

Die Gemeinde drängte heran.

Ein Schwall Flüssigkeit schoß aus seinem Mund.

Eine Frau kniete neben ihm nieder und nahm seine Hand.

Er lag still.

5

Norbert van Appeldorn kam mit nassen Haaren. Er hatte gestern zusammen mit seinen Fußballkollegen von den Alten Herren des SV Siegfried Materborn ausgiebig Karneval gefeiert und sich davon noch nicht wieder erholt. Als Toppe anrief, hatte er gerade zwei Aspirin geschluckt und sich unter die heiße Dusche gestellt, um wieder fit zu werden. Heute abend wollte seine Frau mit ihren Freundinnen feiern gehen, während er auf die beiden Töchter aufpassen sollte, und als er zum Präsidium fuhr, hatte Marion ihn angeraunzt, er solle gefälligst rechtzeitig zurück sein.

Walter Heinrichs war genauso guter Dinge wie sonst auch. Er machte sich nichts aus Karneval und sollte seit seinem Herzinfarkt im vorletzten Jahr sowieso kürzer treten, meinten jedenfalls die Ärzte. So hatte er sich auf ein ruhiges Wochenende zu Hause in Goch gefreut – sofern Wochenenden in einem Haushalt, in dem vier kleine Kinder herumflitzten, ruhig sein konnten. Vor ein paar Tagen hatte er seine Kollegen geschockt, indem er fröhlich erzählte, daß Nummer Fünf unterwegs sei. Er war dreiundfünfzig Jahre alt und dem Tod damals nur so gerade eben noch von der Schippe gesprungen, aber das schien ihn nicht zu interessieren.

»Und du denkst, ich soll Günthers Rolle übernehmen?« meinte er händereibend, nachdem er seine neunundneunzig Kilo hinter dem Schreibtisch untergebracht hatte.

Günther Breitenegger, der normalerweise der Aktenführer im K 1 war, hatte kurzfristig Urlaub genommen. An Altweiber war seine Mutter gestorben, und er mußte runter nach München, um die Beerdigung zu regeln und die Wohnung aufzulösen.

»Ja«, antwortete Toppe, »ich glaube, das liegt dir.«

Van Appeldorn kippte seinen Stuhl gegen die Wand, legte die Beine auf den Schreibtisch und schloß ächzend die Augen.

Toppe begann, den Fall zu schildern, unterbrach sich aber und öffnete das Fenster. Es roch immer noch nach Farbe. Vor vierzehn Tagen hatte man überraschend ihr Büro renoviert – zumindest teilweise.

Zwar waren die Wände gestrichen worden, aber von der Tür und den Fensterrahmen blätterte immer noch der Lack ab. Die alten Schreibtische hatte man rausgeschmissen und ihnen zwei große Doppelschreibtische aus mausgrauem Kunststoff reingestellt. Auch der abgeschabte Aktenschrank war verschwunden, aber es gab keinen Ersatz, und so stapelten sich zwischen Usambaraveilchen und Kaffeemaschine die Papierberge auf der Fensterbank. Astrid hatte einen brandneuen Schreibtischsessel bekommen, den passenden Arbeitstisch hatte man leider vergessen. Im Augenblick erledigte sie ihren Schriftkram an einem Eckchen des Tisches für das Faxgerät. Hinter der Tür stand immer noch der alte, windschiefe Garderobenständer.

»Te Laak?« murmelte van Appeldorn. »Ich glaube, den kenn' ich.«

»Woher?« fragte Astrid.

»Hat vor Jahren auch mal Fußball gespielt. Ziemlicher Looser.« Er machte endlich die Augen auf, nahm die Beine vom Tisch und ging zur Fensterbank, um Kaffee zu kochen. Astrid konnte es gar nicht fassen. Es war das erste Mal, daß van Appeldorn sich hier nicht bedienen ließ.

Er hatte ihren Blick bemerkt und grinste: »Wünschen gnädige Frau zu Ihrem Kaffee auch etwas Gebäck?«

»Klar«, kicherte sie.

»Wie wär's mit ein paar Teilchen aus der Kantine?«

»Prima Idee«, antwortete Astrid und blieb sitzen.

»Für mich zwei Mohnschnecken«, rief Heinrichs.

»Und einen Amerikaner«, sagte van Appeldorn und fing an, Kaffeepulver in den Filter zu löffeln.

Toppe seufzte. »Ich geh' schon.«

Sie tranken Kaffee und überlegten die nächsten Schritte.

Um kurz nach zwei verließen alle vier das Präsidium: Toppe und van Appeldorn, um noch einmal einzeln mit te Laaks Freunden zu sprechen, und Astrid wollte mit Heinrichs te Laaks persönliche Habseligkeiten, die Fotos und Karteikästen, den Computer und die Disketten abholen.

Keiner von ihnen war besonders engagiert bei dem Fall, keiner hatte es besonders eilig.

Toppe rettete van Appeldorns Familienfrieden und machte um halb sieben Schluß.

Te Laaks sogenannte Freunde hatten kein Blatt vor den Mund genommen: der Mann sei eine Null gewesen, ein großmäuliges Muttersöhnchen, über das man sich hinter vorgehaltener Hand lustig machte. Mehr war bei der Befragung seiner Begleiter nicht herausgekommen. Allerdings standen zwei von ihnen noch für morgen auf ihrer Liste.

Toppe setzte van Appeldorn am Präsidium ab und fuhr Richtung Innenstadt. Wenn Arend heute abend schon den Wein mitbrachte, mußte er wenigstens was zu essen besorgen. Er konnte ihm ja wohl schlecht trockenes Knäckebrot vorsetzen.

Er suchte eine Weile erfolglos nach einem Parkplatz an der Stadthalle und stellte schließlich seinen Wagen auf der Zickzacklinie des Taxistandes am Brücktor ab – es würde ja nicht lange dauern.

Als er die Tür zum China-Restaurant aufstieß, bummerte ihm Karnevalsmusik entgegen. Das Lokal war leer. Der chinesische Kellner wieselte vom Tresen her auf ihn zu.

»Kann ich helfen?« grinste er fix.

Toppe blinzelte. Der Mann trug eine Girlande aus Luftschlangen um den Hals, auf dem Schädel klebte schräg ein Papphütchen. »Eine indonesische Reistafel für zwei Personen. Zum Mitnehmen.«

Zu Hause nahm er die Aluschälchen aus der Plastiktüte und stellte sie in den Backofen. Grübelnd betrachtete er die Bedienungsknöpfe, drehte schließlich den linken so, daß die beiden schwarzen Balken oben waren, den rechten auf 100 Grad und betete stumm, daß das nicht alles ruinieren würde.

Dann duschte er, zog Jeans und einen weiten schwarzen Pullover an, deckte den Tisch in der Küche für zwei – Senfkristall für Arends Wein war zwar ein Sakrileg, aber wenigstens paßten die Teller zueinander –, verbrannte sich die Finger, als er nach dem Essen sehen wollte, schaltete fluchend den Herd aus und wartete nervös.

Arend brachte einen dicken Strauß fröhlicher Anemonen.

»Danke«, sagte Toppe und stand unbeholfen mit den Blumen in der Hand.

»Gern geschehen«, meinte Bonhoeffer und schloß die Wohnungstür. »Stell sie in eine Vase.«

»Vase«, nickte Toppe. Er hatte noch nie Blumen bekommen.

»Salz und Brot fand ich für diesen Anlaß nicht so ganz passend«, sagte Bonhoeffer und setzte den Weinkarton ab.

»Ich habe überhaupt keine Vase, glaube ich. Du mußt schon entschuldigen.«

»Na, irgendein Glas wirst du doch haben.«

»Glas? Ach ja, sicher. Halt mal.«

Toppe drückte Bonhoeffer die Blumen wieder in die Hand und öffnete die Besenkammer gleich neben der Wohnungstür. Im Weißglascontainer fand er ein hohes Würstchenglas.

»Das müßte gehen. Komm doch mit durch.«

Bonhoeffer folgte ihm in die Küche und sah sich um.

Toppe drehte ihm den Rücken zu, füllte das Glas mit Wasser. »Tut mir leid«, sagte er, ohne sich umzudrehen, und quetschte die Blumen in die Öffnung. »Ich weiß, es ist alles noch ein bißchen kahl.«

»Ja.«

»Ich habe uns aber Essen besorgt, beim Chinesen. Eigentlich wollte ich ja selbst kochen, aber, na ja ...«

Vorsichtig nahm er mit einem Küchenhandtuch die Aluschalen aus dem Backofen und stellte sie auf den Tisch. »Tut mir leid, daß ich noch keine Weingläser habe.«

»Warum entschuldigst du dich eigentlich die ganze Zeit?« fragte Bonhoeffer unwirsch.

»Tut mir ...«

Sie lachten beide.

»Gib mir lieber einen Korkenzieher und laß uns essen.«

Sie hockten sich auf die Klappstühle, aßen und tranken, redeten über dies und das.

»Und wie geht es Gabi?« fragte Arend.

»Keine Ahnung«, antwortete Toppe achselzuckend. »Ich habe sie seit sechs Wochen nicht mehr gesehen.«

Bonhoeffer runzelte die Stirn, sagte aber nichts.

Toppe hob sein Glas, ließ den Wein kreisen und betrachtete

ihn ausgiebig. »Du hast doch selbst mitgekriegt, was bei uns in den letzten Jahren gelaufen ist«, meinte er.

Bonhoeffer sah ihn an und schüttelte den Kopf. »Nein, wenn ich ehrlich sein soll, ich habe nicht mitgekriegt, daß es so schiefgelaufen ist.« Er fing an, über die Anfänge ihrer Freundschaft zu sprechen. Über die Jahre in Düsseldorf, als Toppe noch bei seiner Mutter lebte. Wie sie beide sich getroffen hatten, kurz nachdem Toppe sein Abitur nachgeholt hatte und von der Schutzpolizei zur Kripo gegangen war.

Toppe lächelte. Bei seinem allerersten Fall hatte er den frischgebackenen Pathologen kennengelernt. Sie hatten sich auf Anhieb gemocht und so manche Nacht durchgezecht und durchgequatscht in Toppes Kellerzimmer oder in der Altstadt.

In einer Kneipe hatten sie eines Abends ein paar MTAs kennengelernt, sehr jung, sehr unbedarft, und Toppe hatte sich Hals über Kopf in die allerjüngste von ihnen verliebt: Gabi Kuipers, ein zierliches Mädchen, seit drei Wochen zum ersten Mal von zu Hause weg, die erste richtige Stelle in einer Großstadt. Sie wohnte in einem Schwesternheim. Schon drei Monate später zogen die beiden in eine winzige Dachwohnung in Oberbilk, lebten zusammen.

Arend war Trauzeuge gewesen, als sie 1976 heirateten; er war Olivers Pate.

Das Gespräch stockte. Bonhoeffer goß Wein nach.

»Ich habe ein Verhältnis mit Astrid«, sagte Toppe, »seit einer ganzen Weile.«

Bonhoeffer antwortete nicht, sah ihn nur ruhig an.

»Sie ist nicht der Grund für die Trennung!« Es klang trotzig.

»Auch nicht der Anlaß?«

Toppe rieb sich die Augen. »Weiß ich nicht. Wirklich nicht. Ich weiß überhaupt nichts mehr. Schon gar nicht, wie es weitergehen soll.«

Als Bonhoeffer ging, war es zehn vor sechs.

6

»Gottverdammter Mist!« Astrid schlug mit der Faust auf den Computer.

»Was ist los, Mädchen?« fragte Heinrichs mitfühlend. »Probleme?«

»Ach, dieses bescheuerte MS DOS! So was von schwerfällig. Ich hasse es!« Sie dehnte ihre verkrampften Finger. »Außerdem hat der Typ ein Passwort eingebaut, das ich nicht geknackt kriege.«

»Dann machen Sie doch mal Pause. Sie sitzen jetzt ja auch schon drei Stunden an diesem Ding.«

Aber sie hörte nicht zu. »Und dann auch noch die ganze Zeit dieses entsetzliche Gedudel!«

Die ganze Emmericher Straße erbebte seit zwei Stunden unter dem Pferd auf dem Flur an der Nordseeküste, die mal nach links, mal nach rechts rollte.

Sie hatten die Fenster fest geschlossen, aber auch das half nicht viel, denn einer der Lautsprecher, die in regelmäßigen Abständen den Zugweg säumten, hing an der Laterne vor dem Präsidium.

Noch standen die Wagengetüme dicht an dicht, von wohlformierten Fußgruppen getrennt. Von dieser Ordnung würde in der Oberstadt nicht mehr viel übrig sein. Da flitzten die Fußgruppen vermutlich im Laufschritt vorbei, um den Anschluß nicht zu verlieren, da gab es minutenlange Lücken, und der Zugmeister raufte sich die Haare – Jahr für Jahr.

Noch zogen die Zuschauer, Flachmänner, Bierdosen und frisierte Colaflaschen schwenkend, ziellos die Straße rauf und runter. Einige Erwachsene als Punker oder Clowns, die meisten lediglich mit ein paar gemalten Herzchen im Gesicht oder jecken Hüten auf dem Kopf. Man traf Bekannte, lachte, schunkelte ein paar Takte zusammen. Die Kinder irgendwie im Schlepptau – Cowboys und Piratenjungs, süße Biene

Majas, Marienkäfermädchen, Prinzessinnen – zog man weiter zur nächsten Bierbude. Nur über die Narren auf den Wagen hatte man ein Abstinenzgebot verhängt, bis der letzte Bonbonsegen erteilt war.

»Kleve, helau!« – der Lärm schwoll an, und Astrid ging zum Fenster hinüber.

»Endlich!« stöhnte sie. »Es scheint loszugehen.«

Die Menge wogte jetzt dichtgedrängt, schrie und sang, verteilte Küsse an DRK-Helfer und Schupos, bedrängte sie mit Schnapsflaschen – ein besoffener Bulle, das wäre das Größte!

Astrid entdeckte den Kollegen Flintrop in der ersten Reihe.

»Ej, Pommes, tolles Kostüm!« Jemand riß ihm die Mütze vom Kopf, reichte sie juchzend weiter. Flintrop lachte. Irgendwann landete sie wieder schief auf seinem Kopf.

Bier und Appelkorn wurden brüderlich geteilt, Flaschenhälse in benachbarte Münder geschoben. Stimmung. Bis die ersten Bonbons fielen.

»Nehmen Sie den Schirm da weg!«

»Spejt ow mar niet op et bäffke!«

»Klootsack!«

Die großen Jungs zündeten Chinaböller und Kettenknaller, brachten Seidenbestrumpfte zum Kreischen, tauchten in der Menge unter.

Viele rannten in die Fußgruppen hinein, fanden einen Freund, hielten ihm Plastiktüten unter die Nase und ließen Süßkram, Flummies und Streichholzbriefchen hineinschaufeln.

»Wie mich das ankotzt«, wandte sich Astrid abrupt vom Fenster weg.

»So humorlos?« Heinrichs blickte von seinem Papierwust auf und sah sie ernst an. »Jedem das Seine, sage ich mir immer. Lassen Sie den Leuten doch ihren Spaß.«

»Ach!« winkte sie ab und setzte sich.

Es war sowieso ein Scheißtag. Dabei hatte er eigentlich

ganz gut angefangen. Heute morgen war Helmut ins Büro gekommen und hatte sie zur Begrüßung kurz in den Arm genommen. Zum erstenmal war er vor allen anderen zärtlich zu ihr gewesen. Aber dann hatte er schnell auf Routine geschaltet, die heutigen Aufgaben verteilt. Er selbst wollte mit van Appeldorn die beiden Gespräche führen und dann mit seinen Söhnen zum Rosenmontagszug gehen. Mit seinen Kindern. Was sollte das heißen? Ging seine Frau auch mit? War da die große Versöhnung im Gang? Herrgott! – Warum hatte sie sich die ganze Zeit vor einem klärenden Gespräch gedrückt? Nicht nur in den letzten sechs Wochen, das ganze vergangene Jahr über. Sie hatte sich gefreut, wenn er zu ihr gekommen war, alle großen Worte runtergeschluckt, keine Fragen gestellt. Sie hatte einfach alles mit sich passieren lassen – aus Angst, das Wenige, was sie von ihm hatte, zu verlieren. Verdammt, hatte sie das nötig? Wahrhaftig nicht! Sollte er doch sein kleines Spießerleben – nein, das war ungerecht. Trotzdem!

Sie sah wieder auf. Heinrichs wühlte in seinen Papieren. Sie hatten den ganzen Morgen ruhig nebeneinander gearbeitet, einander kaum wahrgenommen. Ein paarmal hatte Heinrichs telefoniert.

»Waren Sie denn wenigstens erfolgreicher ...?« fragte sie.

»Wie man's nimmt. Ganz interessante Sachen dabei, aber ob ...« Das Telefon unterbrach ihn. Er nahm ab, nickte zufrieden und fing an, etwas aufzuschreiben.

Astrid zuckte die Achseln, warf ihr Haar zurück und schaltete entschieden den Bildschirm wieder ein. In weniger als zehn Minuten war sie auf dem Weg, den sie gesucht hatte.

Friedrich Schmitz war der erste, der mit einer gewissen Warmherzigkeit von te Laak sprach.

»Im Grunde war der Gerd doch eine ganz arme Socke. Ohne Vater großgeworden; der ist ja schon ganz früh gestorben, der Mann. Und die Mutter, mein Gott! Die hat ihn noch aus der Kneipe geholt, als er schon über zwanzig war.«

»Wann hat er denn die Detektei aufgemacht?« wollte van Appeldorn wissen.

»Schon vor Jahren, kurz nachdem er vom Bund weg war. Das war wohl seine Art, zu Hause rauszukommen. Und die Versicherungsgeschichte alleine war ihm zu öde. Irgendwie war der schon immer so, der hat sich immer gern in Sachen eingemischt.«

»Hat er manchmal über seine Ermittlungen gesprochen?« fragte Toppe.

»Nie! Großes Geheimnis. Er hat gern mit seiner Schweigepflicht angegeben und von ›heißen Eisen‹ gesprochen; und wenn er mal auspackt, dann könnte er so manchen in Kleve hochgehen lassen.« Fritz lächelte entschuldigend. »So war er eben. Die meisten haben ihn wegen dieser Art geschnitten, aber ich kenne ihn schon seit unserer Kindergartenzeit. Zu Hause hat der ja nie eine Schnitte gekriegt, aber in seiner Detektei, da konnt' er der Macher sein. Er hat mir oft erzählt, daß er seinen ganz eigenen Stil hätte und deshalb auch so erfolgreich wäre. Reine Ermittlungsarbeit wäre nicht sein Ding.«

»Wie meinte er das?«

»Hab' ich ihn auch gefragt, aber er sagte nur, bloß Berichte abliefern wäre ihm zu langweilig, er würde schon lieber mal selber aktiv.«

Toppe runzelte die Stirn.

»Und wie sah's bei te Laak mit Frauen aus?« fragte van Appeldorn.

Schmitz schnaubte. »Keine Chance. Mutter te Laak hat sie alle rausgeekelt. Und wenn der Gerd nicht sofort spurte, kriegte sie eine Herzattacke. In den letzten Jahren hat er ziemlich viel in Bars und bei Nutten rumgehangen. Na ja ...«

Als sich um fünf Uhr wieder alle zur abschließenden Teamsitzung im Büro trafen, hatte Astrid das Gefühl, sie würde keine zehn Minuten mehr durchstehen, ohne zu schreien oder in Tränen auszubrechen. Sie war todmüde und gleichzeitig vollkommen überdreht und konnte nicht mehr unterscheiden, ob sie wirklich Kopfschmerzen hatte oder nur ihr Nacken verspannt war.

Toppe sah auch sehr müde aus, wirkte aber gelöst. Er lächelte ihr mit den Augen zu, als er hereinkam.

»Das Mädchen hier hat einen Orden verdient«, schmetterte Heinrichs ihm und van Appeldorn entgegen. »Siebeneinhalb Stunden hat sie an dieser Höllenmaschine verbracht, und das auch noch mit Erfolg.«

»Mit einem Orden kann ich zwar nicht dienen«, meinte van Appeldorn, »aber vielleicht tut's das hier auch.« Und er knallte eine Flasche Asti Spumante auf den Tisch.

Toppe schüttelte sich, aber Heinrichs und Astrid ließen sich ihre Kaffeebecher vollgießen.

»Kommt Stein?« fragte Toppe.

»Ich habe ihm Bescheid gesagt«, antwortete Heinrichs, »aber er wußte nicht, ob er es schafft. Wir sollen schon mal anfangen.«

Dr. Stein war ihr Lieblingsstaatsanwalt. Er hatte ihnen schon so manches Mal den Rücken gestärkt, wenn ihr Chef, Stanislaus Siegelkötter, ihnen mit seinen ewigen Verwaltungsvorschriften, vor allem aber mit seiner Persönlichkeit das Leben schwer machte. »Stasi« war bis Aschermittwoch in Urlaub gegangen – dann würde man weitersehen.

Toppe faßte kurz zusammen, was van Appeldorn und er über te Laak herausgefunden hatten.

»Du liebe Güte«, meinte Astrid, »wenn das so einer war! Wenn sich irgendeiner an dem gerächt hat, dann können wir uns aber warm anziehen. Da sind an die dreißig abgeschlossene Fälle seit 1987 im Computer.«

Es klopfte, und die Tür wurde aufgezogen: Dr. Stein.

»Tag miteinander.« Er suchte sich schnell einen freien Platz. »Lassen Sie sich nicht stören. Machen Sie einfach dort weiter, wo Sie gerade sind. Herr Heinrichs hat mich schon über die grundlegenden Fakten informiert.«

So war er, knapp, präzise, immer ein bißchen in Eile.

»Gut«, lächelte Toppe. »Was gibt's bei dir, Walter?«

Heinrichs lehnte sich gemütlich zurück und faltete die Hände unter dem Bauch. »Wir wissen ja alle, daß ein Mord sich fast immer aus einer zwischenmenschlichen Konfliktsituation heraus entwickelt, daß die meisten Morde spontan passieren. Sie geschehen aus einer starken Erregung heraus, wobei Aggression, Wut aber auch Angst eine Rolle spielen. Bei einem Giftmord allerdings sieht das ganz anders aus: ein Giftmord ist immer ein heimtückisch geplanter Mord. Der Täter sieht sich gezwungen, jemanden zu beseitigen, der ihm lästig ist oder der ihm gefährlich wird. Bei einem Giftmord ist es für den Täter unerläßlich, daß er seine Gefühle unter Kontrolle hat, denn Angst oder jede andere starke Erregung würde das Gelingen seiner Tat in Frage stellen.«

Van Appeldorn schlug mit der flachen Hand auf die Tischplatte. »Ich bitte dich, Walter, willst du uns hier allen Ernstes eine Vorlesung halten über den Quatsch, den sie uns in der Ausbildung als Kriminalpsychologie verkauft haben?«

Aber Heinrichs ließ sich nicht aus dem Konzept bringen. Er war an derartige Reaktionen gewöhnt. Schon von Kindheit an hatte er sich für Kriminalistik interessiert, und noch heute war ihm sein Beruf gleichzeitig sein liebstes Hobby. Er besaß eine beinahe lückenlose Bibliothek, und manchmal waren seine Gedanken für die Aufklärung eines Falles durchaus hilfreich gewesen. »Ausgesprochen selten«, pflegte van Appeldorn, der ungern Zeit verlor, zu betonen. Toppe sah das anders: er hörte Heinrichs gern zu und wußte, daß er in den letzten Jahren eine ganze Menge dabei gelernt hatte.

»Dem Giftmord geht meist eine lange Phase der Überlegung voraus: Wie kann ich es machen, ohne entdeckt zu werden? Welches Gift nehme ich? Und da wird es für uns interessant. Knollenblätterpilz als Mittel zur Tötung ist sehr ungewöhnlich. Es hat in der gesamten Geschichte des Giftmordes nur eine Handvoll Knollenblätterpilzvergiftungen gegeben. Dieses Gift schränkt den Kreis der Verdächtigen erheblich ein. Es muß sich um eine Person handeln, die sich gut mit Giften auskennt. Ich warte übrigens gespannt auf Bonhoeffers Bericht. Knollenblätterpilz ist ja noch lange nicht gleich Knollenblätterpilz. Manche sind schnellwirkend, manche sehr langsam.«

»Bonhoeffer meinte, te Laak müsse das Gift ca. sieben bis zehn Stunden vor seinem Tod zu sich genommen haben«, erklärte Toppe.

»Aha! Nun, dann dürfte es sich mit größter Wahrscheinlichkeit um Amanita verna handeln, den Kegeligen Wulstling. Der wächst bevorzugt unter Nadelbäumen, und zwar zwischen Juli und September.«

»Eben«, sagte Astrid. »Wir haben Februar.«

»Das macht nichts.« Heinrichs war auf alles vorbereitet. »Den Kegeligen Wulstling kann man trocknen und pulverisieren. Man kann ihn sogar einfrieren, denn die toxischen Substanzen sind hitze- und kältebeständig. Schon weniger als ein halber Hut ist völlig ausreichend, einen Erwachsenen aus den Pantinen zu hauen, und die Letalität liegt bei über siebzig Prozent.«

»Wenn der Täter den Pilz schon vor einem halben Jahr gesammelt und dann irgendwie konserviert hat«, überlegte Astrid, »muß er den Mord aber schon sehr lange geplant haben.«

»Wer weiß, vielleicht hat der ja immer einen Vorrat in der Kühltruhe – für alle Fälle, gewissermaßen«, feixte van Appeldorn.

Aber Heinrichs blieb ganz ernst. »Ich weiß es nicht. Ich bin wirklich gespannt, was in Bonhoeffers Bericht steht. Alle bisher bekannten Vergiftungen mit dem Kegeligen Wulstling passierten durch das Verabreichen eines frischen Pilzgerichts. Wenn jemand das Zeug konserviert, dann muß er sich verflucht gut auskennen ...«

»Es kann doch aber auch sein, daß das Ganze ein Versehen war, ein Unfall, oder?« fragte Astrid in die Runde. »Ich meine, er kann doch irgendwo ein aufgetautes Pilzgericht gegessen haben, das versehentlich vergiftet war.«

»Klar«, nickte Toppe, »aber da müssen wir Bonhoeffers Bericht abwarten. Pilze lassen sich noch sehr lange im Darm nachweisen.«

»Ich hätte da vielleicht was.« Astrid ging zum PC rüber. »Aber ich fange am besten von vorne an. Auf diesen Disketten hier hat te Laak seine abgeschlossenen Fälle gespeichert, sehr ordentlich mit Rechnungsdatum und Zahlungseingang. Es sind neunundzwanzig; der erste wurde im März '87 abgeschlossen, der letzte vor vier Monaten. Auf der Festplatte befinden sich nur drei Fälle, vermutlich diejenigen, an denen er gerade gearbeitet hat.

Der Auftrag für den ersten noch nicht abgeschlossenen Fall wurde am 30.12.91 erteilt; Auftraggeber ist der Pferdezüchter Jakob Heuvelmann. Die Sache ist uns bekannt. Es geht um die abgeschlachteten Pferde.«

Alle nickten. Anfang Dezember war jemand in Heuvelmanns Pferdestall eingedrungen und hatte einen seiner Zuchthengste brutal abgestochen. Die Ermittlungen der Kripo waren im Sande verlaufen.

»Heuvelmann hat offenbar sein Vertrauen in die Polizei verloren«, meinte Astrid, »denn die Tötung eines weiteren Pferdes am 29.12.91 hat er nicht mehr angezeigt. Statt dessen beauftragte er te Laak. Ich habe seine Aufzeichnungen ausgedruckt. Seine Arbeit hat sich bisher wohl auf die nächtliche Observation der Ställe beschränkt. Es gibt da auch noch eine Liste mit der Überschrift ›Verdächtige Personen‹, die zwölf Namen und Adressen umfaßt, aber nicht weiter kommentiert ist.«

Sie legte einen zusammengehefteten Stapel Blätter auf Heinrichs Schreibtisch. »Ich habe immer gleich drei Kopien gemacht. Kriege ich noch einen Schluck Asti?«

Van Appeldorn schob ihr wortlos die Flasche rüber. Astrid goß ihren Becher halbvoll und ging zum PC zurück.

»Fall Nummer zwei läuft bei te Laak unter der Überschrift ›Industriespionage‹. Der Auftrag ist vom 15.10.91; Auftraggeber: Dr. Veronika Krug. Sie hat ein kleines Unternehmen, das medizinische Geräte entwickelt.«

»In Kleve?« fragte Toppe.

»Ja, unten im Industriegebiet. Der Betrieb heißt Vecru.«

»Komisch, hab' ich noch nie gehört.«

»Ich auch nicht. Sie hat sechs Mitarbeiter, ausnahmslos junge Leute, die meisten Physiker. Frau Krug hatte wohl den Verdacht, daß einer von ihren Leuten Konstruktionspläne an Konkurrenzunternehmen weitergeleitet hat. Te Laak hat jedenfalls die einzelnen Mitarbeiter überprüft. Wie es scheint, ohne Erfolg, denn am 1.3. sollte er als Hausmeister in den Betrieb eingeschleust werden.«

Der Papierstapel, den Astrid van Appeldorn überreichte, war ein ganzes Stück dicker als der erste.

»Und schließlich der dritte Fall: Auftraggeber ist ein Werner Braun; Bibliothekar, erwerbslos. Der Auftrag lautet: ›Überprüfung des Verkaufs des elterlichen Hauses durch den Bruder des Auftraggebers, Georg Braun, Apotheker‹ und wurde am 2.1.92 erteilt. Te Laaks Aufzeichnungen sind spärlich. Ein paar Einzelheiten verschiedener Verträge sind vermerkt. Die Brüder haben das elterliche Haus, Hafenstraße 9, am 28.1.91 zu gleichen Teilen geerbt; der Schätzwert betrug DM 150.000. Zwei Monate später wird ein Vertrag geschlossen: Georg Braun übernimmt das Haus, zahlt seinen Bruder mit DM 75.000 aus und räumt ihm, sollte das Haus verkauft werden, ein Vorkaufsrecht ein. Dann gibt es da noch einen Mietvertrag vom 1.6.91.: Georg Braun vermietet an seinen Bruder die Geschäftsräume im Erdgeschoß des Hauses Hafenstraße 9, zwecks Einrichtung eines Antiquariats, zu einem Mietzins von DM 650 zuzüglich Nebenkosten. Und schließlich ist da noch ein Vorvertrag zwischen Georg Braun und einem gewissen Matthias Schleier aus Essen, der das Haus für DM 500.000 kaufen will.«

»Mann, das ist aber eine Wertsteigerung!« staunte Heinrichs.

»Fragen Sie mich nicht, wie so etwas funktioniert. Ich finde das alles sehr verwirrend. Die einzigen Aufzeichnungen von te Laak beziehen sich auf die Observation der Sternapotheke, Inhaber Georg Braun, am 15.1., 22.1., 29.1. und 5.2. – das war jeweils ein Mittwoch – immer von 19 bis 20.30 Uhr. Er beschreibt mehrere unbekannte Personen, die in der Zeit die Apotheke durch den Seiteneingang betreten haben und gibt an, wie lange sie drin geblieben sind.«

Sie nahm den letzten Packen Unterlagen und drückte ihn Toppe in die Hand. »Mehr habe ich leider nicht.«

»Na, mir reicht das völlig«, knurrte van Appeldorn und demonstrierte Müdigkeit: die dünnen Beine ausgestreckt, die Hände im Nacken verschränkt, kippelte er auf der Stuhlkante. »War das vorhin eigentlich die Ausbeute eines gesamten Arbeitstages, Walter?«

»Vom Ergebnis her beinahe«, antwortete Heinrichs gutmütig. »Ich könnte euch jetzt alles mögliche über te Laaks Persönlichkeit erzählen, aber das deckt sich im Prinzip mit dem, was ihr sowieso schon wißt. Ich habe heute mit ein paar Damen des horizontalen Gewerbes telefoniert. Bei einer von denen war te Laak sozusagen Stammkunde. Ganz nette Frau übrigens. Ihr hat er wohl öfter mal sein Herz ausgeschüttet. Die wußte auch Bescheid über ...« Er wühlte in seinem unordentlichen Papierberg, »... diese Mei Li. Te Laak wollte im Sommer nach Thailand fliegen und Mei Li persönlich kennenlernen, und er war wild entschlossen, sie sofort zu heiraten und mitzubringen, wenn sie ihm gefiel. Darüber hatte er, wie die Dame erzählte, ganz schön Zoff mit seiner Mutter gehabt. Das war das.«

Er guckte in die Runde. »Hast du mal 'ne Zigarette für mich, Helmut?«

Toppe schüttelte tapfer den Kopf: »Du sollst doch nicht mehr ...«

Heinrichs setzte sein ertapptes Kleinejungengesicht auf. »Eine schadet doch nicht ...«

»Mach weiter«, knurrte van Appeldorn kalt.

»Ihr seid schlimmer als meine Frau! Na gut, ich habe sogar mit te Laaks Herzensdame von Anno Tobak gesprochen. Die ist inzwischen verheiratet und hat drei Kinder. Sie wollte von te Laak nichts mehr wissen. Tenor: jugendlicher Irrtum. Dann waren da noch die Pornohefte; nicht mein Fall, übrigens, wenn ihr mich fragt. Ein paar Zettel mit Namen, Adressen und Telefonnummern habe ich noch. Die sind alle im Computer. Das haben Astrid und ich schon gegengechecked. Tja, und dann dieser Zettel hier ...« Er hielt ein kleines, gelbes Papier hoch und ließ das allgemeine Stutzen eine Weile im Raum stehen.

HeimsicherungsV, § 10, 2 hatte te Laak auf den Zettel geschrieben.

Van Appeldorn verdrehte die Augen. »Nun erzähl schon, Walter! Was ist das?«

»Es war gar nicht so einfach, das am Rosenmontag rauszukriegen«, schmollte Heinrichs.

»Aber du hast es natürlich rausgekriegt, wie ich dich kenne«, lenkte van Appeldorn ein.

»Selbstverständlich! § 10 HeimsicherungsV, Absatz 2: ›Soweit Leistungen nicht verrechnet werden, sind sie innerhalb von sechs Monaten nach Beendigung des Heimvertrages zurückzuzahlen. Zinsen sind jährlich auszuzahlen oder nach Satz 1 mit Zinseszins zurückzuzahlen.‹«

Toppe und van Appeldorn sahen sich verständnislos an. Stein lächelte. Er wußte, woher Heinrichs seine Informationen hatte.

»Und was soll das?« fragte Toppe gnädig.

»Was weiß ich?« meinte Heinrichs und schlug einen dünnen grünen Aktenordner auf.

»Vielleicht wollte er bloß endlich seine Mutter loswerden und sie in irgendein Heim abschieben«, murmelte Astrid.

»Zu verdenken wär's ihm nicht«, grinste van Appeldorn und stand auf. »Mir reicht's für heute. Was ist mit euch?«

»Moment«, versuchte es Heinrichs streng. »Als Aktenführer muß ich darauf bestehen, daß jeder seinen Bericht abliefert. Meiner liegt schon hier.«

Van Appeldorn lachte. »Wie? Hast du tatsächlich das Skript zu deiner Vorlesung abgeheftet?«

»Morgen, Walter, morgen früh schreiben wir unsere Berichte«, sagte Toppe bestimmt und reckte sich. »Was meint ihr? Wollen wir noch zusammen einen trinken gehen? Ist doch Karneval!«

Stein nickte. »Nehmen Sie mich auch mit?«

»Das ist doch wohl keine Frage«, lachte Toppe.

Astrid stieg die Galle bis knapp unter den Kehlkopf. Sie schluckte zweimal. »Ohne mich«, sagte sie so leichthin wie möglich. »Ich bin kaputt.«

»Ach komm, Mädchen«, legte ihr Heinrichs den Arm auf die Schulter, »so ein, zwei Bier können einen wunderbar entspannen. Danach schlafen Sie noch mal so gut.«

Astrid antwortete nicht. Sie packte sehr sorgfältig ihre Zigaretten und das Feuerzeug in ihre Handtasche, sah sich noch einmal suchend auf ihrem Schreibtisch um, rückte den Stuhl zurecht.

Die anderen warteten an der Tür.

Sie kam sich blöd vor.

»Okay«, sagte sie. »Ein Bier noch.«

Auf der Treppe blieb Toppe hinter ihr. »Was ist los?« flüsterte er hastig.

»Ach, laß mich einfach!«

»Ich liebe dich«, sagte er deutlich.

7

»Mannomann«, feixte Heinrichs. »Wenn man euch so sieht, kann man glatt das Heulen kriegen.«

»Gleichfalls«, knurrte van Appeldorn und nahm sich mehr Kaffee.

Bei dem einen Bier war es gestern nicht geblieben. Gleich in der ersten Kneipe hatte Dr. Stein zwei Richterkollegen getroffen, die schon munter gezecht hatten, und gemeinsam waren dann alle durch die Gemeinde gezogen.

»In wievielen Kneipen waren wir eigentlich?« fragte Astrid gequält und schützte mit der Hand ihre Augen vor der Wintersonne, die laut durchs Fenster schien.

»Fünf«, schätzte Toppe vorsichtig.

»Na, mindestens«, lachte Heinrichs. »Aber ist doch auch egal. Hauptsache, wir hatten Spaß.«

Den hatten sie reichlich gehabt. Es wollte schon was heißen, wenn Norbert van Appeldorn einen Abend mit seinen Fußballjungs sausen ließ. Albern waren sie gewesen, und keiner hatte auch nur eine Sekunde lang an den Job gedacht. Heinrichs hatte eine ganze Packung Zigaretten geraucht und zu später Stunde die halbe Kneipe mit vorgetäuschten Herzinfarkten zum Johlen gebracht. Astrid und Toppe hatten anfangs noch verstohlen unterm Tisch gefüßelt, später ungeniert geknutscht. Einmal waren die beiden nach draußen verschwunden, und als sie nach einer halben Stunde wieder reinkamen, hatten die anderen sie mit wissendem Applaus empfangen. Die große Sensation war ausgeblieben.

Gegen fünf hatten sie einen Clouseau imitierenden Heinrichs – How is Madame and how are the little commissioners? – in ein Taxi nach Goch verfrachtet und waren nach Hause gegangen, nicht mehr ganz sicher, aber mit der Welt im reinen. Toppe hatte es eben noch bis in Astrids Bett geschafft und dann geschlafen wie ein Stein.

»Will außer mir noch jemand ein Aspirin?« Astrid hielt fragend die Packung in die Runde.

Toppe schüttelte den Kopf. Er hatte keinen Kater, fühlte sich nur etwas klebrig mit den Kleidern von gestern, in denen immer noch der Rauch hing. Jetzt war es also offiziell: Astrid und er. Es erregte ihn, aber er spürte noch etwas anderes: es war ihm zu glatt gegangen, ein bißchen zu schnell; die Entscheidung hatte sich selbst getroffen.

Ein dienstliches Klopfen riß ihn aus seinen Gedanken: Stanislaus Siegelkötter.

»Huch«, entfuhr es Heinrichs, und auch die anderen starrten verblüfft.

»Guten Morgen«, grüßte der Chef mit der üblichen steifen Geschäftsmäßigkeit. »Wie ich höre, gibt es einen neuen Fall.«

»Wir hatten Sie erst morgen zurückerwartet«, meinte van Appeldorn lässig.

Siegelkötter würdigte ihn keines Blickes. Er stand mitten im Raum, die Schultern zurückgenommen, vom glattrasierten Nacken bis zu den schimmernden Schuhspitzen jeder Zentimeter geblähte Verantwortung und unverhohlene Kritik.

»Ich hätte gern die Berichte, um mich über den Stand der Ermittlungen zu informieren.«

»Aber gern.« Heinrichs schob ihm die schmale Akte hin.

Stasi warf einen Blick hinein. »Die sind von Sonntag. Haben Sie gestern nicht gearbeitet?«

Toppe kannte die ganze Schau nur allzu gut. »Selbstverständlich haben wir gestern unsere normalen Überstunden gemacht«, meinte er gelassen. »Bis spät in die Nacht hinein, Herr Siegelkötter. Deshalb war es uns auch leider noch nicht möglich, die Berichte zu schreiben.«

Heinrichs lachte.

Siegelkötter schaute schmal und spannte die Kiefermuskeln. Mit einer flinken Handbewegung griff er nach einem Aktendeckel auf Toppes Schreibtisch. »Was ist das hier?«

Toppe sah müde auf. Es mußte Bonhoeffers Bericht sein, den irgendwer auf seinen Tisch gelegt hatte. »Keine Ahnung, ich habe noch nicht reingeschaut.«

Stasi sah auf seine Armbanduhr. »Sie sind seit einer guten Stunde im Dienst, wenn ich mich nicht täusche.«

»Ach was?« bemerkte van Appeldorn. Heinrichs schickte ihm ein Stirnrunzeln und suchte nach ein paar verbindlichen Worten, aber es war zu spät. Stasi hatte sich schon auf dem Absatz umgedreht.

»Herr Toppe, ich erwarte Sie in einer halben Stunde in meinem Büro.«

Heinrichs' »Oh weh!« ging im Knallen der Tür unter.

»Na fein«, sagte Astrid, »der Alltag hat uns wieder.«

Toppe schlug Bonhoeffers Bericht auf. »Der Mann lernt es nie«, murmelte er kopfschüttelnd.

»Doch, doch«, frotzelte van Appeldorn. »Er macht Fortschritte. Diesmal hat er nichts von Abmahnung gesagt.«

Eine Zeitlang war es still. Toppe las.

Schließlich hielt Heinrichs es nicht länger aus. »Was ist denn jetzt mit den Pilzen?«

»Du hattest recht, Walter: Amanita verna, der Kegelige Wulstling«, antwortete Toppe. Er überflog die nächsten Zeilen: *massive Vergiftung durch Phalloidin und Amanitin (α u. β), Glykosegehalt der Leber deutlich abgesunken, Synthese der Serumproteine gestört, ATP-Gehalt stark reduziert.*

»Hier«, sagte er laut. »Te Laak hat kein Pilzgericht zu sich genommen. Das Gift wurde wahrscheinlich in Pulverform zugeführt.«

Heinrichs nickte. »Da hätten wir ihn also, den klassischen Giftmörder.«

»Jemand, der sich mit Giften gut auskennt«, meinte Astrid gedehnt.

Toppe wußte, an wen sie dachte. »Hat der ED seinen Bericht eigentlich schon runtergegeben?« fragte er.

»Nein«, antwortete Heinrichs. »Haben die denn überhaupt am Wochenende gearbeitet?«

»Van Gemmern schon.« Toppe wählte die Nummer vom Labor und hatte Berns in der Leitung.

»Bericht? Was für ein Bericht?« bellte der.

Toppe erklärte es ihm.

»Ich glaub', ich spinne! Noch nie was von Freizeit gehört?« – »Waas?« brüllte er dann so laut, daß es in Toppes Ohr klingelte. Leises Gemurmel – Berns hatte die Hand auf die Muschel gelegt.

»Also«, brummte er dann, »mein werter Kollege hat mal wieder den Eifrigen gespielt. Er kommt gleich runter zu euch.«

Sie beschlossen, sich zunächst auf te Laaks aktuelle Fälle zu konzentrieren – irgendwo mußten sie ansetzen. Astrid wollte die Pferdegeschichte übernehmen, van Appeldorn würde sich um die Industriespionage kümmern und Toppe um die beiden Brüder. Er war nicht glücklich mit dieser Lösung, aber für den Anfang mußte es so gehen. Wenn Heinrichs seine Sache als Koordinator nur halb so gut machte wie Breitenegger, dann waren alle auch über die Ermittlungen der anderen auf dem Laufenden.

Toppe und van Appeldorn griffen zu ihren Telefonen. Auch Heinrichs nahm den Hörer. »Herr Siegelkötter? Heinrichs hier«, flötete er. »Es tut mir leid, aber Herr Toppe ist in den nächsten zwei, drei Stunden leider unabkömmlich – dringende Ermittlungssache. Er wird sich später bei Ihnen melden.«

Astrid ging hinunter zum diensthabenden Kollegen von der Schupo und ließ sich Heuvelmanns Anzeige und die Protokolle vom letzten Dezember geben. Sie blätterte die Papiere kurz durch. »Kann ich die mal mit hochnehmen?«

»Steht sowieso nichts drin«, meinte der Kollege achselzuckend, »aber wenn es dir hilft. Die haben dem Heuvelmann übrigens noch einen Gaul abgestochen, aber bei uns hat er sich deswegen nicht mehr gemeldet. Hat sich lieber einen Privatschnüffler genommen.«

»Woher weißt du das?«

»Hab' ich so gehört ...«

Astrid grinste – das gute alte Radio Tamtam.

Toppe und van Appeldorn telefonierten immer noch, als sie wieder ins Büro kam; Heinrichs las in einem dicken Wälzer.

Früher war Astrid auch mal geritten; zuerst auf dem Pony, das ihre Eltern ihr geschenkt hatten, als sie neun wurde, später dann im Reitstall in Hau. Eine Freundin von damals ritt immer noch Turniere, das wußte sie aus der Zeitung. Sie hatte Mareike ewig nicht gesehen. Überhaupt war der Kontakt zu ihren alten Freunden spärlich geworden, seit sie in den Beruf eingestiegen war, und das lag nicht nur an ihrer unregelmäßigen Freizeit. Sie hatte einfach keine Lust mehr auf Reiterbälle und Spritztouren in die Altstadt, und die Gespräche über Lebensversicherungen, Kapitalanlagen und die Malediven ödeten sie an. Bis vor einem Jahr war sie noch in der Moyländer Tennismannschaft gewesen, aber das war ihr auch zuviel geworden. Im Moment spielte sie zwei, drei Stunden in der Woche, aber eigentlich nur, um einigermaßen in Form zu bleiben. Seit sie die Pille wieder nahm, mußte sie ganz schön auf ihr Gewicht achten.

Nach drei vergeblichen Telefonaten erwischte Astrid Mareike schließlich im Reitstall.

»Astrid von Steendijk! Daß es dich noch gibt!« – »Beruflich?« – »Bei der Kripo? Du? Was macht so jemand wie du denn bei der Polizei?« – »Ein Zuchthengst? Geht es um die Heuvelmanngeschichte? Wieso interessiert sich denn die Polizei dafür? Ich dachte, Heuvelmann hätte einen Detektiv eingeschaltet.« – »Ein guter Zuchthengst – der kann bis zu einer halben Million kosten.« – »Die von Heuvelmann? Ich würde sagen, so zwischen achtzig- und hunderttausend. Aber eigentlich läßt sich das kaum rechnen. So ein Tier ist eine Kapitalanlage auf lange Sicht: die Deckprämie liegt bei rund tausend Mark pro Versuch bei einem Hengst dieser Qualität, und Decksaison ist immerhin von Februar bis August – da kommt was zusammen.«

»Ja«, meinte Astrid. »Sag mal, habt ihr untereinander nicht mal spekuliert, wer das getan haben könnte?«

»Schon, aber ohne Ergebnis. Auf jeden Fall war das kein Pferdefreund, so viel steht fest. Nicht nur dem Heuvelmann ist die Sache an die Nieren gegangen; das waren ein paar ganz feine Tiere.«

»Kennst du Heuvelmann eigentlich näher?«

»Ach Gott, näher ... du weißt ja, wie das bei uns Reitern so ist ...«

Sie geriet ins Plaudern, und Astrid wußte gar nicht, wie sie aus diesem Gespräch wieder rauskommen konnte.

»Das war's eigentlich«, sagte sie hastig in Mareikes nächstes Luftholen hinein. »Ich dank' dir schön, Mareike.«

»War das schon alles? Na gut. Ciao – und man sieht sich.«

Als sie Heuvelmanns Nummer wählte, kam van Gemmern, hager, bleich und ganz in Schwarz, wie immer. Astrid war mal eine Weile mit ihm liiert gewesen, hatte ihn rasend interessant gefunden und hinter seinem Schweigen und seiner Igeligkeit wer weiß was vermutet. Es war alles einigermaßen gut gelaufen, bis sie Gefühle gefordert hatte. Sie wußte, daß Helmut ihn mochte, weil er sich in seinem Job engagierte und absolut zuverlässig war, vor allem aber schätzte er ihn wegen seiner angeblichen Phantasie. Das mochte vielleicht für den Beruf stimmen, ansonsten hatte sie von all diesen Qualitäten wenig bemerkt.

Wie immer konnte man van Gemmerns Gruß kaum als solchen erkennen, und wie immer kam er gleich zur Sache. »Haben Sie den Pathologiebericht gelesen? Dann kann ich nicht viel Neues erzählen. Im Erbrochenen, das wir im Aufnehmer gefunden haben, waren keine Spuren von Amanitin und Phalloidin. Das bedeutet, er muß das Gift mehr als sechs Stunden vor seinem Tod zu sich genommen haben.«

»Wieso?« fragte van Appeldorn.

»Weil der Magen sechs Stunden nach der Nahrungsaufnahme wieder leer ist. Sämtliche Speise- und Getränkereste auf dem Tisch in der Stadthalle waren in Ordnung«, fuhr van Gemmern fort. »Keine Auffälligkeiten vor Ort. Eine Kleinigkeit hätte ich noch; kann allerdings bedeutungslos sein. Im Aufschlag der schwarzen Gabardinehosen des Toten habe ich vier Samenkörner gefunden, die ich beim besten Willen nicht identifizieren konnte. Ich habe sie für alle Fälle zur Bestimmung an den Biologen beim LKA geschickt. Das ist alles. Sollen wir uns noch die Wohnung des Toten ansehen?«

»Das dürfte wenig Sinn haben«, antwortete Toppe. »Aber was anderes: te Laak war am Samstag nachmittag unterwegs, und keiner scheint zu wissen, wo. Könnt ihr euch nicht mal sein Auto vornehmen? Vielleicht gibt's ja dort einen Hinweis.«

Van Appeldorn lachte. »An was dachtest du denn? Ein Spitzentaschentuch oder eine verirrte Haarnadel?«

Van Gemmern nickte nur kurz. »Sicher, läßt sich machen, wenn es nicht gerade heute sein muß. Da hat sich bei uns übers Wochenende so einiges angesammelt. Oder ist es dringend?«

»Wohl kaum«, meinte Toppe. »Aber das mit der Hose ...

Astrid?« Er lächelte entschuldigend. »Bevor du an der Pferdegeschichte weitermachst, könntest du Frau te Laak mal fragen, wann ihr Sohn diese Hose getragen hat?«

8

Zwischen halb fünf und fünf versammelten sich alle nach und nach zur Teamsitzung im Büro. Astrid kam als erste. Sie fand Heinrichs lesend, halb versteckt hinter einem Wust von Papieren, Aktendeckeln und drei hohen Bücherstapeln. Er war mittags nach Hause gefahren, um sich das »Allernötigste an Fachliteratur« über Gifte und Giftmorde zu holen. Astrid biß sich auf die Unterlippe. Wenn es mal kein Fehler gewesen war, Heinrichs zum Aktenführer zu machen. Breiteneggers Schreibtisch sah immer ganz anders aus, für ihre Begriffe fast schon zu ordentlich.

Als zweiter erschien Siegelkötter, warf einen mißbilligenden Blick auf die gestapelten Bücher, hielt aber den Mund, setzte sich selbstverständlich auf Toppes Platz, nahm seinen Taschenkalender heraus und vertiefte sich augenscheinlich in besonders interessante Termine. Astrid zog ihren dicken Pullover aus und ging langsam – hautenger Body, ebenso enge schwarze Jeans – zur Fensterbank. Siegelkötter und sie hatten völlig verschiedene Ansichten, was die »Dienstkleidung« betraf. Sie zog die Glaskanne aus der Kaffeemaschine, um Wasser zu holen. Dabei stieß sie mit dem Ellbogen gegen zwei Aktenordner, die krachend auf den Boden fielen. Sie fluchte laut und bückte sich. Hinter ihrem Rücken grunzte Siegelkötter tadelnd. Giftig knallte sie ihm ein paar Bemerkungen zur blendend geplanten Renovierung des Büros um die Ohren, aber ihr Ausbruch rauschte an ihm vorbei. Er nahm nur gelassen einen Zettel aus seinem Kalender und ließ sich zu einem »Ich werde es mir notieren« herab.

Erst als Stein kam, änderte sich Stasis Haltung. Er schlug locker die Beine übereinander und versuchte sich an einem Plauderton. Auch das war nicht neu. Sobald Stein in der Nähe war, gab sich Siegelkötter herzlich, interessiert und seinen Mitarbeitern gegenüber nachsichtig, väterlich. Doch heute blieb ihm nichts anderes, als die verschlüsselten Botschaften über Bier und Aspirintabletten, die fröhlich zwischen Astrid, Stein und Heinrichs hin und her flogen, wortlos hinzunehmen.

Toppe berichtete als erster. Er war bei Werner Braun, te Laaks Auftraggeber gewesen, einem verbitterten, leisen Mann. Seine Frau arbeitete bei der Stadtverwaltung und hatte herausgefunden, daß das elterliche Haus doch nur für 280.000 DM verkauft worden war, allerdings mit einer zusätzlichen Option auf ein Grundstück am Minoritenplatz. Werner Braun fühlte sich von seinem Bruder betrogen, erfuhr aber beim Anwalt, daß es keinerlei rechtliche Handhabe für ihn gäbe, und hatte sich an te Laak gewandt. Der versprach Braun, auf jeden Fall etwas für ihn »rauszuschlagen«. Am letzten Freitag hatte te Laak Werner Braun aufgesucht und ihm mitgeteilt, er sei auf einer »heißen Spur«, der Bruder sei »irgendwie in eine Drogensache« verwickelt.

Nach dem Gespräch mit Werner Braun war Toppe zur Apotheke gefahren, um mit Georg Braun zu sprechen. Der Mann hatte sich nicht aus seiner souveränen Ruhe bringen lassen: Von einem Privatermittler wisse er nichts, aber bitte, sein Bruder habe schon immer unter Verfolgungswahn gelitten. Ob denn Toppe, wenn er mal ehrlich wäre, ein solches Angebot für das relativ wertlose elterliche Haus ausgeschlagen hätte? Zudem verfüge sein Bruder über keinerlei finanziellen Rückhalt und hätte nicht einmal fünfzigtausend zusammenkratzen können. Schließlich habe der drei Kinder, die ganze Familie lebe vom Gehalt der Frau, und das Antiquariat sei nicht mehr als ein kostspieliges Hobby gewesen. Insofern habe er der Familie sogar einen Gefallen getan. Auch als Toppe ihn auf die regelmäßigen Besucher am Mittwoch nach Ladenschluß ansprach, hatte er eine Erklärung parat. Er sei grundsätzlich bis nach acht im Geschäft, und seine Stammkunden wüßten das. Da käme schon mal der ein oder andere, und zwar durchaus nicht nur mittwochs.

»Er scheint für die Tatzeit ein Alibi zu haben. Er sagt, er sei mit seiner Familie und einem befreundeten Ehepaar von Freitag bis Montag abend auf einem Bauernhof in Emsdetten gewesen, weil er mit Karneval nichts am Hut hätte. Die Adresse hat er mir gegeben. Unsere Emsdettener Kollegen überprüfen das und wollen morgen Bescheid sagen.«

»Hm«, brummte Heinrichs. »Wenn te Laak sich das mit den Drogen nicht aus den Fingern gesogen hat, ist das wohl eher ein Fall fürs K 4.«

»Ich frage mich, was dieser Detektiv meinte, als er dem Braun versprochen hat, auf jeden Fall etwas für ihn rauszuschlagen«, sagte Stein. »Das klingt mir ein bißchen halbseiden.«

»Halbseiden?« schnaubte van Appeldorn. »Der Typ war ein Großmaul, ein Sack heiße Luft.« Er war nörgelig, deshalb fiel sein Bericht noch knapper aus als sonst: Vecru selbst stelle keine medizinischen Geräte her, sondern entwickle Ideen und baue Prototypen. Es sei in den letzten zwei Jahren mehrfach vorgekommen, daß eine andere Firma ein von Vecru entwickeltes Gerät bereits produziert habe, noch bevor Vecru überhaupt so weit war, ein Patent anzumelden. Beim ersten Mal habe Frau Dr. Krug noch an einen Zufall geglaubt, inzwischen sei sie aber sicher, daß einer ihrer Mitarbeiter seine Hand im Spiel habe. Also hatte sie die Leute von te Laak überprüfen lassen.

Van Appeldorn schob einen Berg Papier zusammen. »Das sind die Berichte, die te Laak mit feiner Regelmäßigkeit bei der Krug abgeliefert hat.«

»Wieso hatte er die denn nicht in seinem PC?« fragte Astrid erstaunt.

»Was weiß denn ich?« blaffte van Appeldorn.

Te Laak hatte vier Monate lang ergebnislos alle Mitarbeiter observiert. Schließlich hatte er Dr. Krug überredet, ihn als Hausmeister einzustellen, und ihr zugesichert, ihr in spätestens drei Wochen ein Ergebnis zu liefern, er sei da auf einer »heißen Spur«.

»Scheint sein Lieblingsausdruck gewesen zu sein«, murmelte Toppe. »Hast du mit den Mitarbeitern gesprochen?«

»Oberflächlich. Ich führe mir erst mal die Berichte hier zu Gemüte, und dann interviewe ich morgen die Leute einzeln.«

»Wie haben die Mitarbeiter denn reagiert, als plötzlich die Mordkommission auftauchte?« fragte Siegelkötter. »Hat sich keiner auffällig verhalten?«

Van Appeldorn sah ihn angeekelt an. »Heiß' ich Derrick? Von wegen: Harry, der Mann sagt nicht die Wahrheit!«

Dr. Stein lachte.

Astrids Ergebnisse waren nicht ganz so mager: Te Laak hatte den Auftrag von Heuvelmann vor drei Wochen gekriegt und war in der Zeit nur zweimal bei Heuvelmann gewesen. Der Detektiv hatte sich offenbar sofort in die Theorie verbissen, als Täter käme nur einer von Heuvelmanns Konkurrenten in Frage. Auf der Liste der »verdächtigen Personen« standen denn auch ausschließlich andere Pferdezüchter aus Nordrhein-Westfalen.

»Jetzt mal außerhalb vom Protokoll«, sagte Astrid. »Es mag sich kitschig anhören, aber zwei so wunderbare Tiere einfach zu töten! Wenn da wirklich ein Konkurrent im Spiel wäre, der hätte Heuvelmann auf eine andere Art fertiggemacht. Der wäre nie an die Pferde rangegangen.«

Die Pferde waren, bevor man sie erstochen hatte, betäubt worden; dazu hatte der Täter einen Fäustling benutzt. Heuvelmann hatte nach dem ersten Anschlag im Stall eine Alarmanlage installieren lassen, die allerdings keinen Muckser von sich gegeben hatte, als das zweite Pferd getötet wurde.

»Hat der Detektiv das denn nicht gewußt?« fragte Stein.

»Doch, aber Heuvelmann meinte, te Laak habe nur irgendwas von gedungenem Täter gefaselt und sei dann nicht wieder bei ihm aufgetaucht.«

Astrid erzählte noch eine Weile über Heuvelmann, den sie sympathisch fand. Die Versicherung hatte zwar längst gezahlt, aber den Verlust hatte er noch lange nicht verpackt. Pferde ließen sich nicht einfach so ersetzen, genauso wenig wie Menschen.

»Ein wichtiger Aspekt noch: es kann eigentlich auch ohne Alarmanlage nicht unbemerkt bleiben, wenn ein Fremder in den Stall kommt. Die Tiere drehen durch und machen ein Höllenspektakel. Jemand Fremdes kommt an so einen nervösen Zuchthengst gar nicht nah genug ran, um ihn abzustechen. Es kann eigentlich nur einer gewesen sein, der im Stall aus und ein geht.«

Toppe lächelte. »Du hast ja richtig Feuer gefangen.«

»Mal gucken, vielleicht fang' ich wieder an zu reiten«, meinte Astrid versonnen.

»Warst du bei te Laaks Mutter wegen der Hose?«

»Ach ja, hätt' ich fast vergessen. Sie hat die Hose am Freitag aus der Reinigung geholt, und te Laak hat sie Samstag morgen angezogen und den ganzen Tag getragen.«

Heinrichs war unruhig auf seinem Stuhl hin und her gerutscht und nutzte die Pause, zu einem Monolog anzusetzen: Keine der verdächtigen Personen käme für ihn als Giftmörder in Frage, und te Laak müsse auf alle Fälle mehr getan haben, als nur »observieren, Berichte schreiben und großmächtig daherschwätzen«. Er müsse jemandem gefährlich geworden sein. Bei den vorliegenden Fällen sehe er weit und breit kein Motiv für einen solcherart geplanten Mord. Allenfalls beim Apotheker, aber der habe ja wohl ein Alibi. Nun könne man selbstverständlich argumentieren, der Apotheker habe einen anderen gedungen, die Tat für ihn auszuführen. Aber da wolle er, Heinrichs, sie alle noch einmal an die Art des Giftes erinnern. Selbst ein Apotheker habe keine pulverisierte Amanita verna vorrätig.

Es war Siegelkötter, der ihn unterbrach. »Könnte ich jetzt mal die Berichte von gestern einsehen?«

Heinrichs stockte und haspelte irgendwas.

Stasi schüttelte lächelnd den Kopf und versuchte, einen konspirativen Blick mit Stein zu tauschen – die Kinder sind ja so unordentlich –, hatte aber keinen Erfolg.

»Nun gut«, meinte er friedlich. »Morgen dann aber, bitte.«

»Ich kann meinen Bericht nicht schreiben«, muckte Astrid katzig. »Ich habe keinen Schreibtisch.«

Ein Stirnrunzeln, ein unkontrolliert harter Blick. »Sie wissen, ich habe mir das bereits notiert.«

Der Abend war gelaufen. Sie schrieben die Berichte von zwei Tagen, saßen bis nach zehn.

Nur Heinrichs verabschiedete sich um sieben: »Ihr wißt, ich soll mich schonen.«

9

»In Uedem«, nickte van Appeldorn. »Von dem Heim hab' ich schon öfters gehört.«

Ermittlungssache Nummer vier war aufgetaucht.

Toppe und van Appeldorn hatten sich heute morgen Zeit gelassen, schließlich war es gestern abend spät genug geworden. Als sie dann ins Büro kamen, war Astrid schon nach Pfalzdorf zum Gestüt Heuvelmann gefahren, und Heinrichs saß allein da und platzte fast vor Neuigkeiten.

Schon um kurz nach acht war ein Anruf von einer Düsseldorfer Detektei gekommen: ein Josef Heidingsfeld hatte sich an sie gewandt. Seine Großtante, Larissa Heidingsfeld, eine bekannte Sopranistin, sei im letzten Oktober in einem Altenheim in Uedem verstorben.

»Er war ihr einziger Verwandter«, erzählte Heinrichs, »und hat sich gewundert, daß sie ihm nichts hinterlassen hat.«

Die Frau hatte vor zwei Jahren, als sie ins Heim ging, ihr Haus in Neuß verkauft, und Josef Heidingsfeld konnte sich nicht vorstellen, daß das ganze Geld schon weg sein sollte.

»Deshalb hat er der Heimleitung einen Brief geschrieben. Die haben ihm dann auch prompt geantwortet – Entschuldigung, aber sie hätten von keinem Verwandten gewußt. Außerdem lag noch eine Abrechnung dabei und ein Scheck über DM 5.104,20, dem angeblichen Restvermögen. Dieses Heim muß ein Vier-Sterne-Hotel sein!«

Josef Heidingsfeld wollte sich damit nicht zufrieden geben und war an die Detektei in Düsseldorf herangetreten. Die hatte den Fall vor vierzehn Tagen an te Laak weitergereicht, aber bisher noch keinen Ton von ihm gehört. Gestern hatten sie dann von der Mutter erfahren, daß te Laak ermordet worden war.

»Die faxen uns die Unterlagen heute morgen noch rüber«, sagte Heinrichs und streckte sich. »So, und jetzt könnte ich einen Kaffee gebrauchen.«

»Warte mal.« Van Appeldorn ging zum Garderobenständer, holte ein Glas Instantkaffee aus seiner Manteltasche und knallte es Heinrichs auf den Schreibtisch. »Da – koffeinfrei! Du mußt dich ja schonen.«

Heinrichs grinste schief.

Toppe verbiß sich das Lachen. »Ich möchte bloß wissen«,

begann er, kam aber nicht weiter, denn es bollerte an der Tür. Zwei Graukittel schleppten einen angenagten, schäbigen Schreibtisch herein.

»Wo soll der hin?«

»Wie – wo soll der hin?« fragte van Appeldorn.

»Frau von Steendijk hat einen Schreibtisch bestellt.«

»Ach was?«

Toppe fuhr sich mit der Hand durchs Haar und atmete durch. »Stellen Sie ihn hinter die Tür.«

»Alles klar, Meister!«

Es dauerte, bis die Tischträger sich umständlich um die Ecke gezwängt hatten.

»Was soll das?« schimpfte van Appeldorn. »Der kann doch unmöglich hier stehenbleiben!«

»Das soll Astrid entscheiden«, winkte Toppe ab und nahm seinen Faden von vorhin wieder auf: »Wieso haben wir bei te Laak keine Aufzeichnungen über diese Sache gefunden?«

»Die Vecru-Berichte hatte er doch auch nicht gespeichert«, meinte van Appeldorn.

»Wieso nichts gefunden?« Heinrichs wedelte mit einem Zettel. »Wir haben doch diesen Paragraphen; jetzt macht der auch endlich einen Sinn. Eigentlich dachte ich immer, mit diesen privaten Altenheimen könnte man eine schnelle Mark machen – so wie die in der letzten Zeit aus dem Boden schießen. Aber es ist doch nicht ganz so einfach, die alten Leute abzuzocken, hab' ich festgestellt. Ich habe mir mal das Heimgesetz anguckt. Der Träger eines Heims kann zwar das Geld der Insassen verwalten – auf Sonderkonten – muß aber alles zurückzahlen, was nicht aufgebraucht worden ist. Er darf sich auch nicht so einfach was schenken oder stiften lassen. Deshalb dieser § 10: ›Soweit Leistungen nicht verrechnet werden, sind sie innerhalb von sechs Monaten nach Beendigung des Heimvertrages zurückzuzahlen.‹ Im Todesfall geht das dann an die Erben, ist ja klar. Ich glaube, zu kungeln ist da nicht viel.«

»Wo liegt denn dieses Altenheim?« fragte Toppe, für den einige Teile des Niederrheins immer noch weiße Flecken auf seiner inneren Landkarte waren.

»Hinter Uedem irgendwo«, meinte Heinrichs. »Das ist wohl wirklich ein ganz nobles Ding. Nennt sich nicht Altenheim, sondern ›Seniorenresidenz Haus Ley in den Brüchen‹. Träger ist wohl eine Stiftung, aber irgendwie hängt auch die Kirche noch mit drin. So genau habe ich das noch nicht rausgekriegt.«

»Hast du schon bei denen angerufen?« fragte Toppe.

»Nein, ich dachte, es wäre vielleicht besser ...«

»Genau«, nickte Toppe. »Ich fahre gleich mal hin.«

Aber zunächst sorgte er für sein leibliches Wohl und fuhr zu *famila*, um endlich richtig einzukaufen.

Man lebte ganz schön teuer als Single – wieso fiel ihm eigentlich so selbstverständlich dieses dämliche Wort ein? Die Miniportionen kosteten unverhältnismäßig viel. Abgepacktes Brot wollte er nicht, aber an der Bäckertheke konnte man tatsächlich frische einzelne Scheiben kaufen – teurer natürlich. Die Fleischtheke sah prima aus; er kaufte auf Vorrat, schließlich hatte er ein Tiefkühlfach: Filetsteaks, Lammrücken und Gyros.

»Wieviel?« fragte die Verkäuferin ungeduldig.

Toppe schwieg hilflos.

»Nur für mich«, sagte er schließlich.

»Ein halbes Pfund«, entschied sie und wog ab.

Mangos hatte er immer gern gemocht; er kaufte drei Stück. Im Weinregal entdeckte er einen erstaunlich guten Bordeaux und packte vier Flaschen in seinen Einkaufswagen, dazu sechs Flaschen Orvieto und einen Otard – er war im Angebot. Genauso wie die Vier-Tassen-Kaffeemaschine; Filtertüten und Kaffee brauchte er auch noch. Als Toppe an der Kasse stand, knurrte ihm der Magen. DM 289,73 – er schluckte, beruhigte sich damit, daß er seit sechs Wochen nicht mehr vernünftig gegessen hatte. Und in den nächsten vierzehn Tagen brauchte er wahrscheinlich kaum etwas einzukaufen, höchstens ein bißchen Brot und Milch. Aber vielleicht nahm er nächstes Mal besser doch kein Filet, und die geräucherte Gänsebrust hatte auch ganz schön reingehauen.

Er war schon an der Abzweigung zur Alten Bahn vorbei, als ihm einfiel, daß er unmöglich mit dem ganzen frischen Fleisch und dem Tiefkühlzeugs durch die Gegend gondeln konnte. Er bremste, bog rechts ab in den Fahnenkamp und fuhr an der Landesklinik vorbei nach Materborn zurück.

Was sollte er sich hetzen? Eigentlich konnte er ruhig noch die Kaffeemaschine einweihen.

Mit dem Becher in der Hand wanderte er langsam durch seine Wohnung. Doch, eigentlich wußte er ganz gut, wie sie mal aussehen sollte. Morgen würde er sich als erstes ein vernünftiges Bett kaufen, ein breites. Astrids Wohnung war gemütlich. Er könnte doch heute abend vielleicht den Lammrücken braten, schön mit Rosmarin und Rotweinsauce, und sich endlich trauen, Astrid einzuladen. Sie hatte bestimmt ein paar Tips für die Wohnung, und so schmal war seine Matratze gar nicht.

Die Düsseldorfer Detektei hatte die Unterlagen noch nicht gefaxt, erfuhr Toppe durch einen Anruf beim K 1; er mußte also mit dem wenigen, das er wußte, improvisieren. Eine seiner leichtesten Übungen.

Die Ecke um Uedem kannte er kaum. Ein paarmal war er daran vorbeigekommen, und er erinnerte sich an die beiden klotzigen Kirchtürme, die viel zu mächtig schienen für ein so kleines Städtchen.

Er bog links in den Ort ein, kam an schmucken Siedlungshäusern vorbei und rollte langsam an einem großen Parkplatz aus. Geradeaus ging es schon wieder aus der Stadt raus, rechts lugten die Kirchtürme über die Häuser. Er fuhr um ein paar Ecken auf sie zu, bremste stutzend bei dem Bestattungsunternehmer, der so ähnlich hieß wie er selbst, und freute sich über die gelungene Werbung auf dem schwarzen Schild: *Überführungen, Laternen und Vasen.*

Von der Seite sah das Kirchenschiff aus wie eine Turnhalle aus den Fünfzigern. Er mußte jemanden nach dem Weg fragen, aber es waren kaum Leute unterwegs. Aus einem Haus am Marktplatz kam ein älterer Mann mit einer braunen Einkaufstasche, und Toppe wunderte sich mal wieder über die Vorliebe des niederrheinischen Mannes für bajuwarische Kopfbedeckungen. Schnell kurbelte er die Scheibe runter.

»Entschuldigen Sie ...«

»Da sind Sie hier ganz falsch«, gestikulierte der Mann. »Sie müssen nach Uedemerfeld hin.« Und er setzte zu einer komplizierten Wegbeschreibung an.

Toppe kurvte gute zehn Minuten herum, bis er auf der richtigen Straße war. Sie führte in die Ebene, die selbst jetzt im Februar fruchtbar und fett aussah. Weitverstreut lagen große Gehöfte, über Schwarzerlenhainen kreisten ein paar Dohlen, Elstern wischten über seinen Wagen hinweg. Es war eine Reitergegend; überall Reitwege und Hinweise auf Gestüte.

Das Schild *Haus Ley* hätte er beinahe übersehen, so dezent war es. Eine schmale asphaltierte Straße schlängelte sich auf das Haus zu, das zwischen gewaltigen Rotbuchen und Trauerweiden durchschimmerte. Nach einer scharfen Linkskurve führte der Weg über einen Bach und endete an einer Kiesauffahrt. Rechts ein weißes Schild mit schnörkeliger Goldschrift – *Seniorenresidenz* – wahrhaft passend: es sah aus wie ein Wasserschloß. Der Bach führte um das ganze Anwesen herum. Das Hauptgebäude war dreigeschossig, weiß mit klassisch grünen Holzläden. Rechts und links hatte man niedrig angebaut, modern, Sichtbeton und Glas, ein Wintergarten – es fügte sich zu einem edlen Bild. Zu Toppes Linken lag ein zweistöckiges Gebäude, vielleicht die frühere Scheune oder ein Stall; jetzt hingen Häkelgardinen an den Fenstern.

Toppe schloß den Wagen ab und ging auf die Freitreppe am Hauptgebäude zu. Der Kiesweg führte durch einen Park mit alten Bäumen, kleinen Sträuchergruppen und Staudenbeeten. Neben dem Wintergarten hatte man ein Kräutergärtchen angelegt, von Buchsbaum eingefaßt.

An der Doppeltür hing ein Klingelzug, und stilecht läutete eine Glocke, als Toppe daran zog.

Eine ganze Weile tat sich nichts, dann öffnete ihm eine junge Frau. Sie war höchstens zwanzig, hatte müde Augen und einen mürrischen Mund. Das orangerote Haar war so kurz geschnitten, daß es wie angefressen aussah. Irgendwie hatte sie mit einer Unzahl von Haarklammern ein weißes Häubchen befestigt. Sie trug einen groben schwarzen Pullover, einen langen, engen Rock, Netzstrümpfe und Springerstiefel und über allem einen viel zu engen, gestärkten Schwesternkittel.

Nachdem sie Toppe vom Kopf bis zu den Füßen gemustert hatte, ließ sie sich zu einem gelangweilten »Ja, bitte?« herab.

»Toppe, Kripo Kleve. Ich möchte den Heimleiter sprechen.«

Die Langeweile blieb in ihrem Gesicht, aber sie drehte sich um und brüllte in Richtung Treppe: »Monika! Ist Frau Holbe da?«

Toppe lugte an ihr vorbei. Die Halle war dunkel getäfelt, die breite Treppe nach oben aus alter Eiche. Geradeaus führten Glastüren in den Garten, rechts ging es durch den Wintergarten in den Anbau.

Eine andere Schwester kam die Treppe hinuntergeeilt. »Um Himmels willen, Verena! Schrei doch nicht so!«

Sie war älter, Mitte vierzig, und »adrett« wäre das richtige Wort, dachte Toppe.

»Frau Holbe ist doch auf der Beerdigung von Pastor Heidkamp. Was gibt es denn?«

Toppe sagte seinen Spruch noch mal auf.
Sie lächelte beflissen.
»Ich bin Frau Pitz«, begann sie, drehte sich dann aber zu ihrer Kollegin um: »Ich erledige das hier schon. Lauf hoch; ich war gerade Frau Marquardt am betten.«
Dann lächelte sie wieder. »Vielleicht kann ich Ihnen helfen?«
»Ich glaube nicht«, antwortete Toppe. »Frau Holbe – ist das die Heimleiterin?«
»Geschäftsführerin ist ihr lieber. Das mit dem Heim, das hört sie nicht so gerne.«
»Wann kommt sie denn zurück?«
»Warten Sie mal ... die Beerdigung hat um zehn angefangen ... dann noch die Nachfeier ... aber ich würde sagen, sie müßte eigentlich spätestens in einer halben Stunde wieder hier sein.«
»Gut, dann warte ich so lange.«
»Gerne. Wollen Sie sich vielleicht in den Wintergarten setzen? Mich müssen Sie entschuldigen. Wir sind nur zu zweit, und wir haben im Moment vier Leute auf der Pflegestation.«
Im Wintergarten standen helle Korbmöbel; große Kübelpflanzen trennten einzelne Sitzgruppen. Auf den Tischen lagen Lesezirkelhefte und Tageszeitungen. Man hatte einen schönen Ausblick auf den Park, und auf der anderen Seite sah man den Wassergraben und einige Beete, die frisch umgegraben waren.
Die Glastür zum Anbau war offen, und die Geräusche vom Fernseher schallten laut herein. Zwei alte Frauen klebten dicht vor der Bildröhre.
»Sind Sie nicht noch ein bißchen zu jung für hier?«
Toppe zuckte zusammen. Er hatte die Frau, die in einem Sessel hinter der Bananenstaude saß, überhaupt nicht bemerkt. Sie war so klein, daß ihre Füße nicht einmal den Boden berührten. Das weiße Haar trug sie in einem dünnen Zopf auf dem Rücken. Alles an ihr war rosa, das Kleid, die Strümpfe,

die Strickjacke, auch ihr Gesicht, das von freundlichen Runzeln zerknittert war. Hinter dicken Brillengläsern funkelten kiebige Augen.

Toppe grüßte höflich.

»Oder wollen Sie hier jemanden besuchen?« fragte sie neugierig und legte die Zeitung, in der sie gelesen hatte, auf den Tisch zurück.

»Nein«, antwortete Toppe. »Darf ich mich zu Ihnen setzen?«

»Ja, sicher. Aber machen Sie vorher die Türe da zu. Man kann ja sein eigenes Wort nicht verstehen.«

Toppe ging und schloß die Tür zum Fernsehraum.

»Die beiden hören so schlecht«, sagte sie und baumelte mit den Beinen.

»Sie aber nicht«, lächelte Toppe.

»Ich nicht!« Sie lachte. »Ich höre alles, was ich hören will. Nur meine Augen ... aber hiermit geht's noch ganz gut.«

Sie hob die rechteckige Lupe hoch, die sie an einem Band um den Hals trug. »Ganz schön stark. Wollen Sie mal durchgucken?«

Toppe beugte sich vor, nahm die Lupe und betrachtete seine Hand. Die Frau roch nach ... nach etwas, das er seit -zig Jahren nicht mehr gerochen hatte: Mouson Uralt Lavendel.

»Und? Wer sind Sie denn nun jetzt?«

Toppe stellte sich vor und erzählte ihr was von Routinefragen.

»Aha, Toppe«, meinte sie nur. »Ich bin Beykirchs Auguste. Zweiundachtzig im letzten Dezember.«

»Alle Achtung«, lächelte Toppe. »Und? Geht's Ihnen gut hier?«

»Aber sicher. Meinem Bruder und mir! Wir haben oben zusammen eine kleine Wohnung. Sicher geht es uns gut. Wir können tun und lassen, was wir wollen, und brauchen uns um nichts zu kümmern. Da soll's einem nicht gut gehen?«

»Und was machen Sie so den ganzen Tag?«

»Alles, was ich will. Zeitunglesen, Spazierengehen, Canasta spielen, ein bißchen erzählen, Musik hören.« Sie runzelte die Stirn und schüttelte den Kopf. »Was machen Sie denn, wenn Sie nicht arbeiten?«

»Na ja«, meinte Toppe und dachte nach.

Sie lachte wieder. »Tue recht und scheue niemand – so habe ich immer gelebt, und das ist auch hier mein Motto. Ich bin friedlich, aber ich laß mir von keinem auf der Nase rumtanzen.«

»Da bin ich sicher«, mußte auch Toppe lachen.

»Wenn man so klein ist wie ich, muß man schon mal ein bißchen lauter sein, sonst wird man übersehen. Tue recht und scheue niemand! Damit kommt man ganz gut durch. Ich bin auch damals nicht den Hitler wählen gegangen. Nix da! Guste, hat mein Mann gesagt, bitte, Guste, geh wählen, die kommen dich sonst holen. Ha!, hab' ich gesagt, sollen ruhig kommen. Und? Haben die mich geholt? Nein! Und meine Kinder heißen Rachel und Ruth – 36 und 38 geboren – schon extra!«

10

Susanne Holbes Gesicht war alterslos. Toppe schätzte sie auf Mitte Dreißig; sie konnte aber auch genauso gut in den Vierzigern sein. Mit festen, kleinen Schritten kam sie in den Wintergarten.

»Aah, Frau Beykirch, Sie haben Besuch? Das ist aber nett.«

Nur ihr Mund lächelte, als sie Toppe die Hand gab. Sie war sehr zierlich, hatte aschblonde Strähnen im hellbraunen, halblangen Haar, graue weitstehende Augen und einen schön geschnittenen Mund.

Auguste Beykirch fand das Mißverständnis komisch und

kam Toppe flink zuvor: »Der Herr ist von der Kripo! Und eigentlich will er zu Ihnen.«

Frau Holbe zog erstaunt die schmalen Brauen hoch. »Kriminalpolizei? Worum geht es denn?«

Toppe stand auf. Auguste hing neugierig an seinen Lippen.

Susanne Holbe bemerkte sein Zögern. »Hätten Sie noch einen Moment Zeit? Ich würde mich gern kurz umziehen.« Sie schaute an ihrem schwarzen Kostüm herab und zeigte auf die dünnen Pumps.

Toppe sah automatisch auf seine Uhr und nickte.

»Schön«, lächelte sie. »Ich bin in einer Minute zurück.«

Sie ließ sich Zeit, aber Toppe wurde nicht ungeduldig, denn Augustes Bruder kam, um sie zu einem Spaziergang abzuholen. Er hatte ihren Mantel mitgebracht, half ihr hinein und legte ihr umständlich einen rosa Schal um den Hals. Ein auffälliges Paar: er war ein Hüne mit massigen Schultern, Händen, denen man die Arbeit ansah, aber einem kleinen, eiförmigen Schädel. Seine hellblauen Augen waren verschmitzt zusammengekniffen.

»Dann mal los, Güsken«, dröhnte er, und Toppe erbebte unter dem freundschaftlichen Schlag auf die Schulter.

Susanne Holbe kam in Jeans, weißem Pullover und einem strengen, blauen Jackett. Sie hatte große Brüste. »So, jetzt fühle ich mich wohler. Kommen Sie doch mit durch in mein Büro.« Sie reichte Toppe gerade mal bis zum Kinn.

»Und viel Spaß beim Spazierengehen«, rief sie über die Schulter in den Wintergarten zurück.

Das Büro war dunkel getäfelt wie die Halle und hätte finster gewirkt, wären nicht die breiten französischen Fenster gewesen, die zum Wassergraben und zum hinteren Garten hinausgingen. Es gab eine Sitzgruppe aus braunem Leder mit einem Gauguin-Druck darüber, an den beiden anderen Wänden Regale mit Aktenordnern und Büchern.

Sie saßen einander am polierten Mahagonischreibtisch gegenüber, und Toppe betrachtete ein bizarres Korallenstück, das neben dem Telefon lag.

»Interessant«, meinte er.

»Ja«, sagte sie und klang ungeduldig.

»Es geht um Larissa Heidingsfeld.«

»Ja?«

»Sie hat hier bei Ihnen gewohnt?«

»Bis zu ihrem Tode im letzten Oktober, ja.« Ihre Stimme war noch immer fragend.

»Da hat es doch Probleme mit der Abrechnung gegeben ...«

»Ach so, jetzt verstehe ich! Ja, das war alles sehr unangenehm. Wissen Sie, wir führen ausführliche Gespräche mit den Menschen, die gern bei uns leben möchten, und ...«

»Wir?«

»Nun, der Stiftungsbeirat.«

Und sie erklärte ihm langatmig die Struktur und Organisation des Heimes. Toppe hörte nur mit halbem Ohr hin, unterbrach sie aber nicht.

»Wie gesagt, wir führen Gespräche. Und da wird natürlich auch nach den nächsten Angehörigen gefragt, die wir – im Krankheitsfall zum Beispiel – benachrichtigen können. Frau Heidingsfeld hat nachdrücklich betont, sie habe keine Verwandten mehr. Sie war eine sehr ... eigenwillige Persönlichkeit.« Aus ihren Augen blickte Nachsicht.

»Und was passiert mit dem Restvermögen, wenn keine Erben mehr da sind?«

»Wenn kein anderslautendes Testament vorliegt, fällt es an die Stiftung.«

Toppe stutzte. Hatte Heinrichs nicht gesagt, man könne nicht so einfach eine Schenkung machen?

Sie sprach schon weiter. »Wir haben dem Großneffen natürlich sofort das Restvermögen ausgezahlt, als er sich bei uns gemeldet hat.«

»Ich bin vielleicht ein wenig langsam, aber wenn ich recht verstehe, bringen Ihre Insassen ihr gesamtes Vermögen mit ins Heim.«

»Ja, wir legen ein Sonderkonto an, auf das auch eine etwaige Rente fließen kann. Wir buchen dann die monatliche Miete ab und kümmern uns auch um die Ein- und Auszahlungen, die unsere Gäste tätigen möchten.«

»Wie hoch war Frau Heidingsfelds Vermögen, als sie zu Ihnen kam?«

»Da bin ich überfragt; das müßte ich nachschauen.«

»Ja, bitte.«

Sie stand auf. »Aber ich verstehe immer noch nicht, wieso der Großneffe die Polizei eingeschaltet hat. Wir haben ihm doch eine korrekte Abrechnung geschickt.«

Sie ging zum Regal, holte zielsicher eine Akte heraus, setzte sich wieder und blätterte.

»Hier«, sagte sie und räusperte sich. »Das Eingangsvermögen betrug DM 140.000.«

Toppe überschlug im Kopf und kam auf eine unglaubliche Zahl. »Der Aufenthalt hier kostet ja ein kleines Vermögen!«

Sie lachte kontrolliert. »So dramatisch ist es nicht. Aber wir sind natürlich schon ein gehobenes Haus.«

»Ich würde die Akte gern für ein paar Tage mitnehmen.«

»Nein«, sagte sie und klappte den Deckel zu. »Wir geben grundsätzlich keine Auskünfte über unsere Gäste.«

»Ich ermittle in einem Mordfall.«

»Mordfall?«

»Wann ist Herr te Laak bei Ihnen gewesen?«

»Herr te Laak?«

»Ja, ein Privatdetektiv; Gerhard te Laak.«

Sie schüttelte den Kopf und sah ihn an, als ob er nicht ganz dicht wäre. »Tut mir leid, Herr Toppe, aber ein Herr te Laak ist mir völlig unbekannt. Und überhaupt, was hat das alles mit Frau Heidingsfeld zu tun?«

»Der Großneffe hat eine Detektei beauftragt, weil er mit Ihrer Abrechnung nicht zufrieden war.«

»Das ist doch unglaublich! Aber wieso Mord?«

»Der Detektiv ist am Samstag ermordet worden.«

Sie faltete beherrscht die Hände. »Und da kommen Sie zu mir?«

»Ja. Und Sie sagen, te Laak hat sich nicht bei Ihnen gemeldet?«

»Ja! Beziehungsweise nein, hat er nicht.«

»Könnte er mit jemand anderem hier gesprochen haben?«

Sie verzog zweifelnd den Mund. »Das kann ich mir eigentlich nicht vorstellen, aber vielleicht hat man ja vergessen, es mir zu sagen.«

»Wieviele Leute arbeiten denn bei Ihnen?«

Sie zählte an den Fingern ab: »Drei Altenpflegerinnen, eine Krankenschwester, eine Nachtschwester, eine Köchin, eine Küchenhilfe, zwei Putzfrauen, der Zivi, der Hausmeister und die beiden holländischen Therapeuten; aber die arbeiten unabhängig von uns.«

»Haben Sie keinen Arzt hier?«

»Normalerweise nicht, aber die meisten unserer Gäste haben Dr. Grootens als Hausarzt, und der kommt auch einmal am Tag und macht Visite.«

»Hm, vielleicht hat te Laak sich an jemanden aus dem Stiftungsbeirat gewandt?«

»Das müßte ich eigentlich wissen. Ich habe die Herren heute morgen noch alle auf der Beerdigung gesehen.«

»Gut«, meinte Toppe. »Ich müßte in den nächsten Tagen natürlich noch einmal mit Ihren Mitarbeitern sprechen, aber für den Moment wäre das alles.«

Er zeigte auf den Aktendeckel. »Ich würde trotzdem gern die Unterlagen mitnehmen.«

Sie schürzte unwirsch die dezent geschminkten Lippen,

schob Toppe aber dann die Akte hinüber. »Ich kann sie allerdings nicht lange entbehren. Ich muß sie ja noch abschließen.«

Toppe klemmte sich die Papiere unter den Arm und ging zur Tür.

Susanne Holbe blieb am Schreibtisch sitzen. »Die Sache ist mir äußerst unangenehm. Wir legen sehr viel Wert auf den Ruf unseres Hauses. Er ist unser Kapital.«

Nicht mein Typ, dachte Toppe im Hinausgehen; dabei sah sie wirklich gut aus.

Er freute sich auf heute abend. Auf dem Weg zurück nach Uedem dachte er über die Beilagen zum Lammfilet nach. Kartoffelgratin würde gut passen; er hatte bloß keine Ahnung, wie man das machte. Ob er Gabi anrief und einfach nach dem Rezept fragte? Bei dem Gedanken mußte er lachen. Besser, er kaufte sich ein Kochbuch.

In Uedem fand er eine Telefonzelle und rief im Präsidium an. Heinrichs klang müde.

»Geht's dir nicht gut?«

»Doch, doch, es muß.«

Die Kollegen aus Emsdetten hatten sich gemeldet. »Es sieht gar nicht so rosig aus mit dem Alibi von diesem Apotheker. Das befreundete Ehepaar hat in einem Dorf in der Nähe gewohnt, und Braun war mit seiner Familie in einer umgebauten Scheune untergebracht. Der Bauer hat sie nur bei der An- und Abreise gesehen. Die Strecke Emsdetten-Kleve kann man in zwei Stunden schaffen.«

Die Düsseldorfer Detektei hatte einen ganzen Stapel Unterlagen gefaxt. Toppe berichtete von seinem Gespräch mit Frau Holbe.

»140.000 Mark nur? Merkwürdig...«

»Wieso?« fragte Toppe.

»Bring die Akte mal rüber. Da ist irgendwas faul.«

»Ja, ja, ich komm' gleich. Ich muß nur noch kurz was einkaufen. Ist Astrid da?«

»Ja, vor ein paar Minuten gekommen. Willst du sie sprechen?«

»Was meinst du wohl, warum ich frage?«

Astrid schien über seine Einladung gerührt. »Soll ich auch meine Zahnbürste mitbringen?« fragte sie leise.

»Das wagte ich nicht vorzuschlagen.«

Er hörte Heinrichs im Hintergrund flachsen und wurde rot.

In Uedem entdeckte Toppe auch nach langem Herumkurven keine Buchhandlung. Also fuhr er nach Kleve zurück, wühlte sich bei dem Buchladen in der Oberstadt eine halbe Stunde lang durch die Kochbücher, fand ein annehmbares, las auf dem Kolpingparkplatz Rezepte und fuhr schließlich zu *Super 2000*, um die nötigen Sachen zu besorgen – Rosmarin durfte er nicht vergessen. Zum Präsidium? Nein, erst das Zeug nach Hause bringen.

Vor der Haustür standen seine beiden Söhne, ihren Spielecomputer unterm Arm, und grinsten ihn verlegen an. Oliver, der kleinere, kam ihm entgegengelaufen. »Hi Papa, wir wollten dich mal besuchen!«

Toppe nahm ihn in den Arm.

»Hallo«, sagte Christian linkisch. Er hatte schon beim Rosenmontagszug kaum die Zähne auseinander gekriegt.

»Mensch, da habt ihr aber Glück gehabt«, sagte Toppe. »Normalerweise bin ich doch um diese Zeit noch gar nicht zu Hause.«

»Och«, meinte Christian, »wir dachten, wir gucken einfach mal.«

»Wir waren schon ganz oft hier«, sagte Oliver. »Spielst du mit uns Computer?«

Toppe holte den Haustürschlüssel raus. »Eigentlich ... « begann er, besann sich aber. »Kommt rein. Ich muß nur noch mal kurz telefonieren.«

»Und was soll ich dem Alten sagen?« fragte Heinrichs.

»Dir wird schon was einfallen.«

Christian hatte inzwischen den Spielecomputer fachmännisch an Toppes alten Fernseher angeschlossen. Sie warteten auf ihn.

Toppe fing an zu reden, stellte Fragen, aber die beiden blieben einsilbig. Schließlich gab er auf, setzte sich zu ihnen auf den Boden und versuchte sich zum ersten Mal in seinem Leben an Computer-Fußball. Oliver lachte sich schräg über seine Ungeschicklichkeit, und Christian schlug ihm nach einer Weile auf die Schulter. »Du wirst besser, Alter.«

Er vergaß die Zeit, alberte mit ihnen, kämpfte verbissen und fühlte sich wohl.

Irgendwann kroch Oliver auf seinen Schoß, und Toppe sah auf die Uhr. »Ach, du Scheiße!«

»Was 'n los?«

»Ich kriege heute abend Besuch und muß noch kochen.«

Sie sagten nichts, als er hektisch aufsprang.

»Könnt ihr mir helfen? Ich bin ziemlich spät dran.«

Christian schälte Kartoffeln, Toppe rieb Käse, rührte Sauce, und Oliver hatte die Oberaufsicht über die Bohnen.

Toppe wälzte das Filet in Rosmarinnadeln. »Was macht denn Mama so?« fragte er vorsichtig.

»Die kommt klar«, antwortete Christian knapp.

Oliver goß die Bohnen ab. »Kommst du wirklich nie mehr wieder?« fragte er leise.

Christian trat ihm auf den Fuß.

»Aua, du Blödarsch!« kreischte Oliver und boxte seinem Bruder in den Bauch.

Toppe packte beide an den Armen. Sie standen stocksteif.

»Nein«, sagte er, so bestimmt er konnte, »ich komme nicht

zurück.« Dann holte er tief Luft. »Aber es geht doch auch so mit uns, oder?«

Er zeigte ihnen das Kinderzimmer.

»Ehrlich? Wir können auch mal bei dir wohnen? Klasse!« Oliver war Feuer und Flamme. »Aber ich will kein Etagenbett mehr mit diesem Affenarsch!«

Christian war blaß. »Wie spät ist es?«

»Fast halb acht«, sagte Toppe.

»Verdammt! Los komm, Mensch! Wir sollten um sieben zu Hause sein. Mama macht sich Sorgen!«

Toppe schluckte, riß sich zusammen und meinte: »Kann ich den Computer noch behalten? Ich muß doch noch üben.«

»Klar«, knuffte ihn Oliver großzügig.

»Wir können morgen wieder spielen, wenn ihr Lust habt.«

»Okay«, sagte Christian nach langem Zögern. »Wann bist du denn hier?«

Toppe hatte keine Ahnung. »Soll ich euch anrufen?«

In Nullkommanichts waren die beiden verschwunden.

Er durchwühlte einen der Kartons im Schlafzimmer und fand in dem Wäschestapel, den Gabi ihm damals in die Hand gedrückt hatte, ein zartgelbes Bettlaken. Das mußte als Tischdecke durchgehen. Teller, Besteck – verdammt, er hatte vergessen, Weingläser zu kaufen!

Astrid kam auf die Minute pünktlich, drückte ihm eine riesige Palme in den Arm und küßte ihn so, daß er weiche Knie bekam.

11

»Weißt du übrigens, daß Frau Heuvelmann in deinem Altenheim arbeitet?« fragte sie ihn, als sie am nächsten Morgen beim Frühstück saßen.

»In ›meinem‹ Altenheim ist gut«, brummte er säuerlich.

»Hee, so hab' ich das doch gar nicht gemeint!« sagte sie schnell und rutschte auf seinen Schoß.

Sie teilten sich einen Schlafanzug.

Toppe vergrub sein Gesicht an ihren Brüsten. Sie legte den Kopf weit in den Nacken.

»Schade, daß es schon so spät ist«, murmelte Toppe und glitt mit der Hand zwischen ihre Schenkel.

»Zu spät?« raunte sie.

»Nein«, antwortete er bestimmt und hob sie auf den Küchentisch.

»Komischer Zufall«, meinte er später, als sie zu ihren Autos gingen.

»Was?«

»Na, das mit der Heuvelmann. Und was macht die da im Heim?«

»Sie ist Altenpflegerin. Vielleicht hat die am Samstag mit te Laak gesprochen. Die kannte ihn ja.«

Heinrichs sah schlecht aus. Er begrüßte sie einsilbig und vertiefte sich sofort in Frau Holbes Akte von Larissa Heidingsfeld.

Van Appeldorn hatte den gestrigen Tag bei Vecru verbracht. »Die Krug ist ziemlich sauer auf te Laak«, erzählte er. »Verständlich, der hat wirklich schlampig gearbeitet. Das ist aber auch das einzig Interessante in dem Laden. Die Leute haben bis jetzt alle ein lückenloses Alibi für die fragliche Zeit. Drei muß ich allerdings noch überprüfen. – Reicht mir mal einer einen Dienstreiseantrag rüber? Ich muß dafür nach Doetinchem.«

»Apropos Alibi.« Heinrichs sah von seinen Zahlenkritzeleien auf. »Dieses Ehepaar, mit dem Braun in Emsdetten war, die heißen Dickmanns und haben eine Kneipe in der Großen Straße. Ab elf heute morgen kann man die dort erreichen.«

»Ist gut«, nickte Toppe, aber Heinrichs hatte sich schon wieder über sein Papier gebeugt.

Erst als Astrid erzählte, daß Frau Heuvelmann im Haus Ley arbeitete, hörte er wieder zu.

»Ich habe mich gestern mit der Frau und einem der Arbeiter vom Gestüt kurz unterhalten. Beide Anschläge auf die Pferde sind zwischen Betriebsschluß und Heuvelmanns letztem Rundgang durch die Ställe passiert, also zwischen siebzehn und ungefähr zwanzig Uhr. Das Gestüt liegt übrigens ganz am Ende vom Kerkpad. Kennt ihr die Straße?«

Toppe schüttelte den Kopf.

Als Astrid aufstand, um zur Wandkarte zu gehen, schoß ihr ein Schwall Nässe ins Höschen. Sie zuckte und schickte Toppe einen tiefen Blick. Er grinste verliebt zurück. Van Appeldorn verzog spöttelnd den Mund.

»Der Kerkpad ist eine Sackgasse«, zeigte Astrid. »Man hat ihn zur Bahnlinie am Tannenbusch hin zugemacht. Da ist jetzt eine Schranke mit einem dicken Vorhängeschloß. Mit dem Auto kommt man also nur von der B 9 aus zum Hof.«

»Na und?« meinte van Appeldorn. »Der Pferdeschlächter kann doch auch zu Fuß gekommen sein oder mit der Fiets.«

»Da hätte man ihn aber meilenweit sehen können«, beharrte Astrid. Sie war mittlerweile an van Appeldorns Kriteleien gewöhnt. »Im Kerkpad gibt's nur noch vier andere Häuser. Mit einem der Nachbarn habe ich gestern schon gesprochen, die anderen sind heute dran. Ich glaube, die haben da alle große Augen und Riesenohren. Die kriegen bestimmt mit, was nebenan läuft.«

»Das kapier ich nicht«, meinte Heinrichs, über seinen Akten grübelnd.

»Wieso?« fragte Astrid verwirrt.

»Ich kapiere nicht, wieso Larissa Heidingsfeld nur 140.000 mitgebracht haben soll. Ihr Haus hat sie nämlich für 350.000 verkauft. Diese Detektei hat den Kaufvertrag mit rübergefaxt.

Und auf ihrem Neußer Konto sind auch 350.000 eingegangen. Auf das Sonderkonto in Uedem sind aber tatsächlich nur 140.000 angewiesen worden. Irgendwie sind da also innerhalb von knapp drei Wochen 210.000 Mark verschwunden.«

Er tippte mit dem Zeigefinger auf seinen Zettel. »Und noch was ist seltsam: die Abrechnung. Wenn man mal die Beerdigungskosten draufrechnet, dann hätte die Frau den Heimplatz nur noch vier Monate bezahlen können.«

»Und was wär' dann passiert?« fragte Astrid.

»Das frage ich mich auch. Aber ich kriege das heute noch raus.«

»Wie auch immer.« Van Appeldorn griff nach seiner Jacke. »Ich mache mich jetzt auf den Weg.«

»Deine Berichte von gestern!« rief Heinrichs.

»Heute abend«, meinte van Appeldorn, schon halb auf dem Flur. »Dann ist es ein Abwasch.«

Heinrichs rieb sich die Stirn.

»Du siehst wirklich nicht gut aus«, sagte Toppe vorsichtig.

»Ach, ich mache mir Sorgen um meine Frau. Sie hat gestern Blutungen gekriegt, und der Arzt meint, sie muß stramm liegen.«

»Die ganze Schwangerschaft?«

»Das kann durchaus passieren. Noch knapp vier Monate.«

»Und wer kümmert sich um die Kinder?«

»Im Moment meine Schwiegermutter, aber das ist auch nicht für ewig.«

Toppe seufzte ratlos, doch Astrid meinte: »Soll ich mal bei der Caritas anrufen? Sie kriegen bestimmt eine Familienhilfe.«

»Meinen Sie?« fragte Heinrichs müde.

»Bestimmt.«

»Es ist ja auch nur ...« Heinrichs starrte die Wand an, »... wenn ihr bloß nichts passiert.«

Toppe verkniff sich eine nicht sehr nette Bemerkung, und Astrid brach schließlich das beklemmende Schweigen, indem sie von ihrer Cousine erzählte, der es genauso gegangen wäre, und alles halb so schlimm, das käme doch oft vor, gar nicht gefährlich, nur lästig.

Heinrichs fand sie sehr lieb und honorierte ihre Fürsorge mit einem Lächeln und der Bitte um eine Zigarette.

Widerstrebend hielt sie ihm ihre Packung hin.

Er zog den Rauch tief ein, grinste dann und meinte: »So, ihr beiden kommt mir aber nicht so billig davon! Ich darf dann um die Berichte bitten.«

Toppe lachte und setzte sich an seinen Schreibtisch. Als er das zweite Blatt einspannte, kam van Gemmern.

»Post vom Biologen«, sagte er dröge, faltete ein Papier auseinander und las vor: »Bei der eingesandten Probe handelt es sich um den Samen der Fucraea foetida, in Klammern, Mauritiushanf.«

»Hanf?« fragte Astrid. »Rauschgift?«

»Nein, nein«, winkte van Gemmern ab, »der Name ist irreführend. Es handelt sich um eine brasilianische Agavenart, die man in den Tropen zum Beispiel zur Herstellung von Seilen verwendet.«

»Und wächst so was auch hier bei uns?« wollte Heinrichs wissen.

»Wohl kaum, höchstens im Kübel, aber auch dann nur unter optimalen Bedingungen.«

Van Gemmern hielt diese Auskunft für erschöpfend.

»Und was sind optimale Bedingungen?« fragte Astrid spitz.

»Sehr heller Raum, gleichbleibende Temperatur, hohe Luftfeuchtigkeit.«

»Wie sieht die Pflanze denn aus?« fragte Toppe.

Van Gemmern reichte ihm das Papier und zuckte die Achseln. »Bis jetzt habe ich noch kein Foto gefunden, bin aber noch auf der Suche.«

Toppe und Astrid sahen sich an.

»Hast du in te Laaks Wohnung Topfblumen gesehen?«

»Nö«, antwortete Astrid. »Nur Trockenblumen und einen Asparagus im Flur.«

»Ich bin dann weg«, sagte van Gemmern und ging.

Toppe zog das Telefon heran, suchte in seinen Zetteln, fand die Nummer und wählte.

»Seniorenresidenz Haus Ley; Holbe?«

Er erklärte ihr, daß er morgen vormittag die Akte zurückbringen würde und bat sie, ihm bis dahin eine Liste aller Angestellten und aller Mitglieder des Stiftungsbeirates zusammenzustellen.«

»Ja, selbstverständlich«, antwortete sie.

»Hat Frau Heuvelmann morgen vormittag Dienst?«

»Augenblick, da muß ich auf den Dienstplan schauen ... ja, sie ist morgen früh im Hause.«

»Prima. Eine Frage noch: haben Sie am letzten Samstag gearbeitet?«

Er konnte ihre Empörung durchs Telefon spüren. »Waren Sie im Heim?«

»Ich wünschte wirklich, Sie würden nicht immer Heim sagen! Ja, ich habe am Samstag von 9 bis 16 Uhr gearbeitet. Ich hatte im Büro zu tun. Außerdem mache ich samstags immer meine Runde über die Pflegestation. Reicht Ihnen das?«

»Um wieviel Uhr haben Sie Ihre Runde gemacht?«

»Um elf. Und nachmittags habe ich am therapeutischen Schwimmen teilgenommen.«

»Am therapeutischen Schwimmen. Sie?«

»Ja«, sagte sie ungeduldig. »Meine Tante lebt hier im Haus, und von Zeit zu Zeit begleite ich sie zur Therapie.«

»Wann war das?«

»So um zwei, drei Uhr, glaube ich. Herr Toppe, ich habe Besuch! Können wir uns nicht morgen darüber unterhalten?«

»Aber natürlich! Vielen Dank erst mal.«

Astrid hielt auf dem breiten Rasenstreifen der Koppers'schen

Kate am Kerkpad. Sie hatte sich heute morgen telefonisch mit dem Rentnerpaar verabredet und war ein bißchen zu früh dran.

Müde war sie; die vielen Gespräche heute und zuwenig Schlaf letzte Nacht.

Müde und melancholisch. Sie dachte an die Auseinandersetzung mit ihren Eltern gestern morgen. Im allgemeinen mischten die beiden sich nicht in ihr Leben ein, und das Gespräch beim Frühstück hatte auch ganz unverfänglich begonnen: Was sie sich denn zu ihrem dreißigsten Geburtstag wünsche, und ob sie eine große Party geben wolle? Aber Astrid wußte nicht, wen sie hätte einladen sollen, eigentlich wollte sie den Tag lieber mit Helmut verbringen. »Siehst du, Kind, darüber wollte ich auch mal mit dir sprechen«, hatte ihre Mutter vorsichtig angefangen. »Der Mann könnte doch dein Vater sein.« »Er ist fünfundvierzig!« »Trotzdem! Du wirfst deine besten Jahre weg. Das hat doch keine Zukunft. Was findest du nur an ihm?« Astrid hatte nur trotzig geschwiegen und damit ihren Vater aufgebracht, der Helmut als geilen, alten Bock bezeichnete. Daraufhin hatte sie ihm ein paar häßliche Sachen über seine dreckige Phantasie um die Ohren geknallt und war gegangen. Aber die Frage geisterte ihr immer noch im Kopf herum: was findest du nur an ihm?

Er sah absolut durchschnittlich aus; er war fast sechzehn Jahre älter als sie, und das konnte man auch sehen. Er war ein aufregender, zärtlicher Liebhaber, ja, aber er ließ sie nie vollkommen an sich heran, und sie sehnte sich nach mehr Nähe. Trotzdem war er der empfindsamste Mann, den sie kannte. Sie seufzte, verkroch sich tiefer in ihren Parka und versuchte, sich auf das Gespräch zu konzentrieren, das sie noch vor sich hatte.

Die kleine Kate war aus altem, dunklen Backstein. An der rechten Hauswand duckten sich Kaninchenställe, vor dem

Eingang, zur Straße hin ein Blumenrondell, eingerahmt von feuchtem Kies.

Astrid ging auf die buntverglaste Tür zu, die man dem Haus offensichtlich in den fünfziger Jahren ins Gesicht gezwungen hatte. Sie hatte den Finger noch nicht von der Klingel genommen, als schon geöffnet wurde.

Frau Koppers war um die Siebzig und sah ein wenig schräg aus mit der dicken, schwarzen Perücke über dem faltigen Gesicht. Ihr Mann saß am Tisch, aß Schwarzbrot mit Rübenkraut und trank Kaffee. Als Frau Koppers Astrid in die Küche schob, erhob er sich halb und lächelte ungelenk.

»Wollen Sie nicht ablegen?«

Astrid hängte ihren Anorak über die Stuhllehne und setzte sich. Eine dritte Kaffeetasse stand schon bereit; die beiden schienen sich über den Besuch zu freuen. Vieles, was sie über die Heuvelmanns erzählten, wußte Astrid bereits von den anderen Nachbarn, aber sie ließ sie erst einmal ein bißchen reden.

Heuvelmanns waren erst seit knapp neun Monaten verheiratet.

»Der Jakob hat wirklich dat große Los gezogen«, sagte Frau Koppers. »Eine tüchtige Frau, die Johanna. Is' ja wohl gut un' gerne zehn Jahre jünger wie er, aber patent, dat muß man sagen. Un' immer freundlich, immer 'n nettes Wort für einen. Un' is' ja auch schön, dat se jetzt in Hoffnung is'. Nee, da hat der Jakob wirklich 'ne gute Partie gemacht. Wat meinst du, Jan?«

»Hatter!«

»Die Eltern vom Jakob, also, die sind ja schon früh gestorben. Saßen ja alle beide von Kopf bis Fuß voll Krebs – auch kein schöner Tod, wa? Anständige Leute, immer fleißig. Wär' ja bloß schön gewesen, die hätten noch erlebt, wie der Jakob dat Gestüt aufgebaut hat.«

»Jetzt isset aber gut, Mia! Dat interessiert die Frau Kommissar doch gar nich'.«

»Doch, doch«, meinte Astrid, »sonst hätte ich schon was gesagt. Können Sie sich denn noch an die Tage erinnern, als die Anschläge auf die Hengste verübt worden sind?«

Beide nickten, aber das Sprechen übernahm wieder die Frau: »Weiß ich noch ganz genau, weil auch der Detektiv hat da nämlich nach gefragt. Dem hab' ich dat alles erzählt, auf dat elvendortichste.«

»Ist Ihnen etwas Besonderes aufgefallen?«

Die beiden guckten sich hilflos an, und Astrid suchte nach einer konkreteren Frage, aber Frau Koppers redete schon los: »Ich hab' da schon viel drüber prackesiert. Ich sach noch gegen meinen Mann, Jan, sach ich, wir hätten dat doch sehen müssen, wenn da einer auf dat Gehöft gefahren wär'. Aber da war keiner an den Tagen, bloß der Manfred Schöningh, aber dat sacht ja nix.«

»Wer ist Manfred Schöningh?«

»Ach, dat is' doch der Jugendfreund vom Jakob. Der geht da ein und aus, schon von klein auf. Man munkelt ja, dat der früher ma' ein Techtelmechtel mit der Johanna gehabt hat.« Sie kicherte leise. »Man kann die Menschen bloß vor den Kopp gucken, sach ich immer, aber nicht herein.«

»Und dieser Schöningh war beide Male auf dem Hof?«

»Ja, sicher. Der is' doch da fast jeden Tach, abends wen'stens. Is' doch Junggeselle. Un' hilft dem Jakob auch immer mal. Hatte ja früher selbs' Pferde.«

»Der hat Pleite gemacht mit seinem Reiterhof in Uedem«, mischte sich der Mann ein. »Is' schon ein paar Jahre her.«

»Und was macht der jetzt?«

»Hausmeister ist der, glaub ich, in dem Altersheim da, wo auch die Johanna angestellt is'.«

Astrid schüttelte ungläubig den Kopf.

»Hab' ich wat Falsches gesacht?«

»Nein, überhaupt nicht. Ich wundere mich nur. Und das alles haben Sie auch te Laak erzählt?«

»Te Laak?«

»Der Detektiv.«

»Ach so, ja. Ja, der war bestimmt zwei Stunden bei uns un' hat sich drangehalten, wollte aber auch alles wissen.«

»Nee, nee, et is' ja auch furch'bar«, jammerte die Frau, »die schönen Tiere!«

Astrid fröstelte. Frau Koppers goß ihr Kaffee nach. »Jan, mach mal die Heizung 'n bisken höher. Wenn man so stillekes sitzt, isset ja doch kühl.«

12

Toppe fand das Büro leer, als er am Nachmittag ins Präsidium zurückkam. Ob Heinrichs nach Hause gegangen war? An seinem Platz lag jedenfalls keine Nachricht, und auf Heinrichs' Schreibtisch zu suchen, war müßig. Da türmten sich die Bücher und Faxe, lose Zettel flogen herum, steckten zwischen den Seiten von Aktenordnern. Toppe nahm eins der Bücher in die Hand. *Hexen* stand auf dem braunen Pappeinband, *Von Heilkundigen und Giftmischerinnen*. Er widerstand der Versuchung, darin herumzublättern, und machte sich an seinen Bericht. Spätestens in einer Stunde wollte er hier weg sein, um sich endlich ein Bett zu kaufen und danach mit Christian und Oliver zu spielen – er hatte es versprochen.

Um Viertel vor vier nahm er ein großes Blatt, malte mit dickem Filzstift: *Team morgen um halb elf*, legte es oben auf das Hexenbuch und ging.

Auf der Treppe traf er Heinrichs.

»Wo hast du denn gesteckt?«

»Ich war beim Betrugsdezernat.«

»Ach so. Paß auf, ich bin ein bißchen in Eile. Also, der Braun hat eigentlich kein vernünftiges Alibi. Dickmanns waren immer nur abends mit den Brauns zusammen. Sie hätten selbst keine Kinder und tagsüber lieber was Ruhiges unternommen.«

»Und? Hast du noch mal mit Braun gesprochen?«

Toppe sah auf die Uhr und ging die Treppe runter. »Ja, ja, habe ich. Der war ganz kurz ab. Kannst du aber alles nachlesen; mein Bericht ist fertig. Ich muß jetzt los.«

»Wo willst du eigentlich hin?« rief Heinrichs ihm nach.

»Ich muß mir ein Bett kaufen! Und dann habe ich meinen Jungs versprochen ...«

Sein ›Tschö‹ ging im Knallen der Tür unter.

Heinrichs konnte es gar nicht glauben. Er atmete tief durch und ging langsam zum Büro hoch. Das Telefon schrillte ihm schon entgegen. Es war Astrid.

»Ich wollte nur Bescheid geben, daß ich heute nicht mehr ins Büro komme«, sagte sie mit kleiner Stimme. »Ich bin todmüde.«

»Ja, verstanden«, antwortete Heinrichs frostig, aber sie nahm das gar nicht wahr.

»Ich lege mich jetzt in die heiße Wanne, und danach will ich bloß noch zwölf Stunden schlafen.«

Heinrichs war stinksauer. Todmüde! Ein Bett kaufen! Waren die alle bescheuert? Wenn jemand einen Grund hatte, früher nach Hause zu gehen, dann doch wohl er! Und genau das würde er jetzt auch tun.

Der Morgen war lichtgrau. Über Nacht hatte ein kalter Wind den Regen weggeblasen, aber die grobgepflügten Felder glänzten noch vor Nässe. Wolkenfetzen jagten den Himmel entlang, und die jungen Alleebäume bogen sich in den unsteten Böen, die über die Ebene fegten.

»Fahr mal langsam«, sagte Toppe. »Die Einfahrt müßte gleich kommen.«

Van Appeldorn nahm den Fuß vom Gas.

»Rechts oder links?«

»Links«, antwortete Toppe. »Da vorne.«

Sie parkten am Rand der Kiesauffahrt. Van Appeldorn stieg aus. »Nette Hütte«, sagte er und steckte die Hände in die Hosentaschen. »Hier könnte man sich's schon gutgehen lassen.«

Heute öffnete ihnen Frau Holbe selbst.

»Guten Morgen, Herr Toppe«, lächelte sie und reichte ihm die Hand. Van Appeldorn stellte sich vor und deutete eine Verbeugung an. Er musterte sie, als sie vor ihnen herging in ihrem schmalen braunen Kleid mit Perlenkette und den farblich dazu abgestimmten Pumps. Ihr Haar hatte sie heute locker hochgesteckt, der mattorange Lippenstift paßte perfekt zum Nagellack.

»Nehmen Sie Platz, meine Herren.«

Auf ihrem Schreibtisch stand ein Tablett mit mehreren Tassen, einer silbernen Teekanne, Sahne und Zucker.

»Ich hoffe, Sie mögen Tee«, sagte sie und hob auffordernd die Kanne hoch.

»Für mich nicht, danke«, entgegnete van Appeldorn schnell.

»Nicht?« fragte sie gedehnt und sah ihm in die Augen.

Toppe entdeckte Spott und wunderte sich. »Ich trinke gern eine Tasse.«

Sie gab ihm die Liste, um die er gebeten hatte – sauber getippt. »Und Frau Heuvelmann habe ich bereits gesagt, daß Sie mit ihr sprechen wollen. Sie erwartet Sie schon.«

»Wie nett!« Van Appeldorn verzog den Mund zu einem Lächeln. »Dann können wir ja anfangen.«

Die Raumtemperatur sank um mehrere Grade. Toppe schmunzelte leise: mit bestimmten Frauen hatte van Appeldorn seine Probleme, diesmal schien es aber auch umgekehrt so zu sein.

Sie ignorierte van Appeldorn und schaute Toppe freundlich an. »Leider haben wir keinen Personalraum. Würde es Ihnen etwas ausmachen, Ihr Gespräch im Wintergarten zu führen?«

»Sind wir dort ungestört?« fragte van Appeldorn.

»Im Augenblick, ja. Ich kann unseren Gästen natürlich nicht verbieten ...« Sie ließ den Satz unvollendet. »Ich hole Frau Heuvelmann.«

Der Wintergarten war leer. Toppe ging zu einem der kleinen Tische, holte einen dritten Sessel dazu und setzte sich. Van Appeldorn wanderte umher, warf einen Blick in den Fernsehraum, schaute durchs Fenster auf die Terrasse und die Auffahrt, öffnete dann die gegenüberliegende Glastür, trat ein paar Schritte in den Garten hinaus und sah sich um. Erst als Frau Heuvelmann Toppe begrüßt und sich schon gesetzt hatte, kam er wieder herein.

Sie war Ende Zwanzig, mittelgroß und mollig, hatte ein rundes Kindergesicht mit sehr heller Haut und blaßgrünen Augen. Ihr krauses rotblondes Haar hatte sie mit einer Spange zu bändigen versucht. Unter dem weißen Kittel war ihre Schwangerschaft höchstens zu erahnen. Sie lachte grundlos, und Toppe lächelte irritiert zurück.

»Sie wollen etwas über den Privatdetektiv wissen? Hat mir Frau Holbe wenigstens so gesagt.«

»Richtig«, schaltete sich van Appeldorn ein. »War der letzten Samstag hier?«

»Am Samstag? Oh, das kann ich Ihnen nicht sagen! Am Wochenende arbeite ich nämlich nicht. Wissen Sie, mein Mann findet das sowieso nicht so toll, daß ich arbeite«, plauderte sie. »Deshalb versuche ich wenigstens, mir die Wochenenden freizuhalten. Er hätte mich natürlich lieber ganz auf dem Hof, ist ja logisch. Wir sind noch nicht so lange verheiratet, müssen Sie wissen.«

Ob die irgendwann auch mal Luft holt? dachte Toppe.

»Aber ich arbeite wirklich gerne hier. Trotzdem, in drei Monaten höre ich auf. Vorerst wenigstens.« Sie legte ihre rechte Hand auf den Bauch. »Wir erwarten nämlich was Kleines. Und ich hatte mir immer schon vorgenommen: wenn du mal Kinder hast, bleibst du zu Hause. Ich finde nämlich, so ein Kind braucht gerade in den ersten Jahren doch sehr ...«

An dieser Stelle gelang es Toppe endlich, sie zu unterbrechen. »Aber Sie kannten te Laak?«

»Oh, ja sicher, klar. Wissen Sie, uns ist nämlich was ganz Furchtbares passiert. Wir haben ja das Gestüt, und vor ein paar Wochen sind doch unsere beiden besten Hengste ermordet worden, und da ...«

»Wissen wir«, sagte van Appeldorn.

»Unsere Kollegin ist mit Ihrem Fall beschäftigt«, erklärte Toppe. »Sie kennen sie ja, Frau Steendijk.«

Sie lachte wieder unsicher. »Ach, das ist eine Kollegin von Ihnen! Mit der habe ich gestern noch gesprochen. Eine sehr nette Frau und so hübsch. Komisch, habe ich noch gedacht, komisch, daß die bei der Polizei ist. Oh, Entschuldigung!« Sie schlug sich mit der Hand auf den Mund und lachte laut. Dann stockte sie. »Ist wirklich schrecklich, das mit dem Detektiv. Daß der umgebracht worden ist, meine ich.«

»Hat Ihr Mann te Laak den Auftrag erteilt?«

»Nein, ich glaube, das war die Versicherung, oder?« Sie kratzte sich an der Stirn. »Doch, das muß die Versicherung gewesen sein. Ich wußte nämlich von nichts, als der hier auftauchte.«

Von der Halle her kamen Trippelschritte, und Auguste Beykirch lugte um die Ecke. Heute war sie ganz in Hellblau. Sie sagte keinen Ton, zwinkerte Toppe aber verschmitzt zu, ließ sich ganz selbstverständlich in den Sessel fallen, der dicht hinter ihm stand, und verschanzte sich hinter der Tageszeitung.

»Te Laak hat Sie also hier aufgesucht«, fuhr van Appeldorn fort. »Wann war das? Können Sie sich daran erinnern?«

»Und ob! Das war an Silvester. Wir wollten nämlich zuerst eine große Party geben, mein Mann und ich, und ich hatte auch meine Kolleginnen eingeladen, und ...«

»Frau Holbe auch?« fragte Toppe.

»Nein«, rief sie und guckte ihn an, als ob er sie nicht alle hätte. »Natürlich nicht. Na ja, jedenfalls haben wir die Party abgeblasen, als das zweite Tier tot war, ist doch klar. Und ich weiß noch genau, daß ich gerade unten in der Küche meine Kolleginnen am ausladen war, als Verena mich gerufen hat, da wäre ein Detektiv für mich.«

»Hat sonst noch jemand te Laak hier getroffen?«

»Weiß nicht. Ich glaube aber nicht. Bloß Verena, weil die ja die Haustür aufgemacht hat. Ich hab' auch nur ganz ebkes mit dem gesprochen. Ich mußte ja arbeiten. Ich habe ihm gesagt, er soll abends zu uns nach Hause kommen.«

»Ist te Laak später noch einmal hier gewesen?«

»Nicht, daß ich wüßte. Aber Sie haben doch eben was von Samstag gesagt ...«

Auguste Beykirch raschelte mit der Zeitung.

»Ist diese Verena jetzt im Dienst?« fragte van Appeldorn.

»Ja«, nickte Johanna Heuvelmann brav.

Van Appeldorn sah Toppe fragend an. »Hast du noch was?« Der winkte ab. »Dann wäre das für den Moment alles. Könnten Sie uns wohl Verena schicken?«

Johanna Heuvelmann sprang flink auf und strich ihren Kittel glatt. »Ich sage ihr sofort Bescheid. Und wie gesagt, wenn Sie noch Fragen haben, ich stehe Ihnen gerne zur Verfügung. Ich weiß ja, wie das geht, manchmal fällt es einem ja erst hinterher ein und dann ...« Sie hielt plötzlich lachend inne, schüttelte beiden die Hand, lief zur Tür und mitten in einen Rollstuhl hinein.

»Du liebe Güte! Entschuldigung! Warten Sie, ich helfe Ihnen.«

»Lassen Sie das«, zischte die Alte im Rollstuhl. »Sie wissen genau, daß ich das kann!«

»Wieder mal schlecht geschlafen«, hörte Toppe Auguste hinter sich murmeln.

Die Frau kam angerollt. Sie hielt sich kerzengerade in ihrer glatten weißen Bluse, deren hoher Kragen von einem Granatkreuz zusammengehalten wurde. Über ihrem Schoß lag eine schwarze Wolldecke, unter der sich zwei Oberschenkelstümpfe abzeichneten.

»Sie sind die Polizisten«, stellte sie fest und musterte sie aus matten braunen Augen. Toppe stand auf und gab ihr die Hand. Van Appeldorn blieb sitzen und nickte grüßend.

»Hilde Herrweg«, stellte sie sich vor. »Ich bin hier eigentlich die Hausherrin.«

»Mit Betonung auf der letzten Hälfte«, hörte man Auguste deutlich sagen.

Frau Herrwegs Kopf schnellte herum, sie schnappte scharf nach Luft, sah aber dann wieder Toppe und van Appeldorn an.

»Dieses Haus hat einmal mir gehört«, erläuterte sie kühl. »Es ist meine Stiftung. Die Geschäftsführerin ist meine Nichte.«

»Dann war also Frau Holbe am Samstag mit Ihnen beim Schwimmen«, stellte Toppe fest.

Sie schloß für einen Moment die Augen. »Zuweilen erinnert sie sich daran, was sie mir zu verdanken hat«, sagte sie.

Auguste schluchzte trocken.

»Wie darf ich das verstehen, Frau Herrweg?« fragte Toppe.

»Das geht Sie gar nichts an! Jetzt hatte ihre Stimme wieder Schärfe. »Überhaupt: was höre ich da für dummes Zeug? Wir haben hier mit Detektiven und Polizei nichts zu tun!«

»Das ist erfreulich für Sie«, meinte van Appeldorn, »aber das möchten wir schon selbst herausfinden.«

Sie ballte ihre fleckigen Hände. »Dann wäre ich Ihnen sehr

dankbar, wenn Sie mit äußerster Diskretion vorgingen. Unser Ruf ist unser Kapital.«

Toppe stutzte – dieselbe Formulierung hatte er doch schon mal gehört.

Grußlos drehte Hilde Herrweg ihren Rollstuhl um und schnurrte in den Fernsehraum.

Van Appeldorn lachte. »Starker Abgang.«

»Machen Sie sich nichts draus«, sagte Auguste. »Sie ist eine alte Hexe. Wenn man das weiß, kann man mit ihr auskommen.«

Toppe drehte sich zu ihr um. »Sie haben einen Teil unseres Gespräches gehört ...«

»Nö«, griente sie. »Ich habe bloß Zeitung gelesen.«

»Selbstverständlich«, lächelte Toppe und wartete.

»Verena kommt jetzt dran? Ich verstehe.« Sie neigte graziös den Kopf, warf ihren Zopf über die Schulter, klemmte sich die gefaltete Zeitung unter den linken Arm und trippelte o-beinig hinaus. »War das eine Freundin von dir?« feixte van Appeldorn.

»Es könnte eine werden.«

»Ich meine bloß, in letzter Zeit weiß man ja nicht so genau, woran man bei dir ist ... Sag mal, warum war die Heuvelmann eigentlich so aufgedreht?«

»Vielleicht ist die einfach immer so.« Toppe tippte auf die Liste. »Verena Coenders«, flüsterte er. »Da kommt sie.«

Das Mädchen sah fast genauso aus wie vorgestern, nur daß sie heute kniehohe schwarze Lackstiefel trug.

»Tach.« Sie blieb mit hängenden Schultern und vorgeschobenem Becken am Tisch stehen. »Was gibt's?«

Van Appeldorn sah langsam an ihr hoch. »Sie sind Altenpflegerin?« staunte er unverhohlen.

»Azubi! Kann ich mich setzen?« Sie ließ sich in den Sessel fallen und streckte beide Beine von sich. Aus ihrer Kitteltasche kramte sie Tabak und Blättchen hervor und drehte sich eine Zigarette.

»Es geht um Gerhard te Laak, einen Privatdetektiv«, begann Toppe.

Sie zündete die Selbstgedrehte mit einem pinkfarbenen Plastikfeuerzeug an, wischte ein paar glühende Tabakkrümel von ihrem Rock, blies den Rauch aus und meinte: »Weiß ich.«

»Sie kennen ihn?«

»Er war mal hier.«

»Wie oft?«

»Null Ahnung. Ich hab' den nur einmal gesehen. An Silvester.«

»Sind Sie ganz sicher?«

»Ja doch! Ich bin doch nicht bekloppt!«

»An Silvester also. Um wieviel Uhr?«

»Weiß ich nicht mehr.«

»Überlegen Sie doch noch mal!«

»Wenn ich's doch sage: keine Ahnung!«

»Wir danken Ihnen für dieses Gespräch«, sagte van Appeldorn.

Verena stutzte irritiert. »Wollt ihr mich verarschen?«

»Keineswegs, Frau Coenders.« Toppe stand auf. »Das war's schon.«

Sie drückte widerwillig ihre halbe Zigarette aus, zuckte die Achseln und ging.

»Unser Ruf ist unser Kapital«, äffte van Appeldorn. »Und dann solche Typen! Komm, laß uns gehen.«

Aber sie kamen nicht einmal bis zur Tür.

13

Susanne Holbe kam herein und stellte ihnen den Vorsitzenden des Stiftungsbeirates vor. Er wolle sich kurz mit ihnen unterhalten, meinte sie und ging wieder.

Herr Daamen, Studienrat i. R., war ein gepflegter Herr im grauen Anzug mit einer leisen, sorgfältigen Sprache.

Die Geschäftsführerin habe ihm berichtet, daß Polizei im Hause sei, und da habe er sich sofort freigemacht. Er sei doch sehr irritiert. Frau Holbe habe von Anfang an die Geschäftsleitung des Hauses innegehabt und ihre Aufgabe stets hervorragend gemeistert.

»Frau Herrweg hat damals den Wunsch geäußert, ihre Nichte einzustellen. Die beiden haben eine ganz besondere Beziehung zueinander. Frau Herrweg hat viele Jahre lang quasi Mutterstelle bei Frau Holbe vertreten.«

Der Beirat sei ohne Zögern auf diesen Wunsch eingegangen und habe es auch nie bereut.

Bei der »Unregelmäßigkeit«, mit der sie es jetzt zu tun hätten, träfe sie nun wirklich keine Schuld. Frau Heidingsfeld habe, wie übrigens viele »Gäste«, ein Testament zugunsten der Stiftung gemacht und es ihnen schlicht verschwiegen, daß es noch einen Erbberechtigten gab.

»Wir hätten dem Neffen, aufgrund des Testamentes, eigentlich nur einen Pflichtteil auszahlen müssen, aber Frau Holbe hat sich dafür eingesetzt, daß er den Betrag in voller Höhe erhält. Selbstverständlich waren wir einverstanden.«

»Tja«, meinte Toppe, »das interessiert uns eigentlich gar nicht so sehr. Wir ermitteln in einem Mordfall, und eine der Spuren führt nun mal in dieses Heim.«

»Das habe ich schon verstanden. Dennoch, es tut mir leid, das sagen zu müssen, ist Ihre Anwesenheit im Haus sehr unangenehm. Sie verursacht Unruhe. Unsere Gäste sollen sich bei uns geborgen fühlen – das ist unser oberstes Ziel. Und auch in der Öffentlichkeit macht das alles keinen guten Eindruck. Uedem ist ein kleiner Ort, und unser Ruf ist unser Kapital.«

Im Moment seien sie alle sowieso sehr betroffen. Sie hätten es ja sicher in der Zeitung gelesen: ihr lieber Herr Pfarrer – auch Stiftungsmitglied – sei am vergangenen Sonntag während der Messe einem Herzanfall erlegen.

»Während der Messe?« sagte van Appeldorn. »Wie unangenehm.«

Daamen lächelte sanft. »Für ihn selbst wohl nicht. Es war immer sein größter Wunsch, in der Kirche während des Dienstes zu sterben.«

Auf Toppes Stutzen hin erklärte er, der Pfarrer sei ein gläubiger Katholik gewesen und keiner von diesen modernen Möchtegern-Seelsorgern.

»Aber, meine Herren, ich will Sie nicht länger aufhalten.«

»Hat Herr te Laak sich bei Ihnen gemeldet?« fragte van Appeldorn.

»Selbstverständlich nicht. Das hätte ich Ihnen doch schon längst gesagt.«

»Vielleicht hat er mit jemand anderem vom Stiftungsbeirat gesprochen.«

»Nein, sicher nicht. Das hätte man mir oder zumindest Frau Holbe mitgeteilt.«

»Was wollte der eigentlich von uns?« fragte van Appeldorn, als sie auf dem Privatweg zurück zur Landstraße fuhren.

»Um Schönwetter bitten«, brummte Toppe. »Paß auf!!«

Um ein Haar wären sie mit einem schwarzen Golf zusammengestoßen.

Es war Astrid.

»Muß Liebe schön sein«, knurrte van Appeldorn. »Die hält's nicht mal ein paar Stunden ohne dich aus.«

Toppe ignorierte das und stieg aus. »Was machst du denn hier? Ist was passiert?«

Auch Astrid kam aus ihrem Wagen. »Nein, nein, alles okay.«

Sie warf van Appeldorn einen frechen Blick zu und küßte Toppe auf den Mund.

»Ich muß den Hausmeister hier interviewen. Der ist nämlich ein Jugendfreund von Heuvelmann und war in der fraglichen Zeit auf dem Hof.«

Van Appeldorn kurbelte das Fenster runter und steckte den Kopf heraus. »Was ist denn jetzt? Setzen Sie zurück, oder ich?«

»Ich stelle mich hier an den Rand und gehe das letzte Stück zu Fuß.«

Sie manövrierte ihr Auto bis an die Kante des Grabens, und van Appeldorn schob sich langsam mit seinem Wagen vorbei. Astrid warf Toppe eine Kußhand zu: »Bis später!«

Van Appeldorn bremste noch mal. »Vergessen Sie nicht, Sie sollen den Mord an te Laak aufklären und nicht etwa diese Pferdegeschichte!«

Er bekam keine Antwort.

Der Wind blies ihr die Haare ins Gesicht. Sie setzte ihre Kapuze auf und zog fröstelnd die Schultern hoch. Eine Bewegung zwischen den Bäumen ein paar Meter rechts vor ihr ließ sie zusammenzucken. Sie blieb stehen. Ein schmusendes Pärchen. Sie küßten sich; die Frau hatte ihre Finger im Nacken des Mannes verschränkt und lehnte mit dem Rücken an einem Baum, er hatte seine Hand unter ihren Mantel geschoben. Astrid räusperte sich und ging weiter. Die Frau bemerkte sie zuerst. Sie sah Astrid ein paar Sekunden lang in die Augen und vergrub dann ihr Gesicht an der Schulter des Mannes. Er drehte sich kurz um, schlang dann beide Arme um die Frau und wiegte sie. Astrid nickte grüßend und spürte, wie ihr die Röte ins Gesicht schoß: Die beiden Menschen waren alt.

Nachdem sie zweimal die Klingel gezogen hatte, öffnete ihr ein junges Mädchen, ganz auf Punk gestylt.

»Steendijk, Kripo Kleve. Wo finde ich hier den Hausmeister?«

Das Mädchen schaute sie aus ihren gelangweilten Augen an. »Der war eben noch im Heizungskeller.«

»Na, prima«, meinte Astrid und wartete.

»Soll ich ihn holen?«

»Das wäre wirklich nett, ja.«

»Warten Sie hier!«

Astrid schlenderte durch die Halle. Neben der Aufzugstür hingen ein Zettel mit der Adresse und Telefonnummer von Dr. Grootens und eine gerahmte Hausordnung. Hausordnung – daß es so was in einem Altenheim überhaupt gab! *Besucher können täglich empfangen werden*, las sie. *Sie müssen das Haus aber spätestens um 22 Uhr verlassen. Übernachtungen hausfremder Personen sind nicht gestattet.* Von wegen Seniorenresidenz!

»Guten Tag«, sagte eine tiefe Stimme hinter ihr. Sie fuhr herum.

Manfred Schöningh war ein attraktiver Mann: groß, lange Beine in engen Jeans, Muskeln an den richtigen Stellen, schwarzes Haar mit Silberfäden, tiefblaue Augen, lange Wimpern, ein gekonnt charmantes Lächeln, lässiger Gang. Astrid mochte ihn nicht.

»Was kann ich für Sie tun?«

Sie erklärte es ihm kurz.

»Kommen Sie mit in meine Wohnung. Da können wir wenigstens ungestört reden. Sie ist drüben über dem großen Saal.« Er legte seinen Arm um ihre Schultern und zeigte in Richtung Scheune. »Ich koche uns einen Kaffee.«

»Das wird nicht nötig sein«, schüttelte Astrid ihn ab. »Ich habe nur ein paar Fragen.« Sie holte ihren Block aus der Tasche.

»Hier in der Halle? Nein! Setzen wir uns wenigstens in den Wintergarten. Kommen Sie!«

Die Hand auf ihrem Rücken, drehte er sie zur Tür.

Sie wich ihm heftig aus. Wenn er sie noch einmal anfaßte, würde sie ihm eine knallen; sie kannte sich.

Richtig, er sei beide Male bei Heuvelmanns auf dem Hof gewesen, mit Jakob zusammen quasi der erste am Tatort.

»Ich bin oft dort«, sagte er und sah ihr tief in die Augen. »Junggesellen lassen sich nämlich gern zum Essen einladen ...«

Linkswichser! dachte Astrid.

Klar kenne er te Laak. Der sei Silvester hier gewesen und habe ihn ausführlich befragt.

»Viel helfen konnte ich dem wohl nicht.« Bedauerndes Schulterheben. »Und dann hab' ich letzten Samstag noch mal kurz mit ihm geredet, aber das war mehr Zufall.«

»Zufall?«

»Ich habe gerade meinen Wagen aus der Garage geholt, als te Laak aus dem Haus kam.«

»Hier aus dem Altenheim?«

»Genau, meine Schöne!«

›Ich bin nicht Ihre Schöne‹, damit hätte er sie genau da gehabt, wo er sie haben wollte, deshalb lächelte sie ihn nur an.

»Und was wollte er hier im Haus? Hat er Sie gesucht?«

Er lachte. »Mich? Ganz bestimmt nicht! Wir haben nur ein kleines Schwätzchen gehalten, über das Wetter und wie schwer man's doch hat, der übliche Smalltalk.«

»Um wieviel Uhr war das?«

»Warten Sie mal ...« überlegte er. »Um drei hatte ich den Termin in Goch ... Das muß zwischen zwei und halb drei gewesen sein.«

Man hörte die Haustür ins Schloß fallen, und Astrid sah das Paar, das sie im Wald beobachtet hatte, durch die Halle gehen.

»Ah, unsere Turteltäubchen«, flüsterte Schöningh und beugte sich so weit herüber, daß sie seinen Atem an ihrem Hals spürte. »Skandal Nummer Eins im Haus! Die treiben's nämlich miteinander!«

Astrid stand ruhig auf und setzte sich in den Sessel gegenüber. Und dann löcherte sie ihn mit Fragen zu den beiden Abenden, an denen die Hengste getötet worden waren. Sie wollte alles haarklein wissen: Wer sich wann wo befunden hatte, was gegessen, getrunken, geredet worden war; sie fragte nach dem Wetter, den Lichtverhältnissen und freute sich, daß er ins Schwitzen geriet, fragte noch einmal, ließ ihn wiederholen. Dann wollte sie alles über seine Pleite wissen und ob ihn denn die Stelle als Hausmeister ausfülle. Zum Schluß fragte sie nach seinem Verhältnis zu Johanna Heuvelmann.

»Verhältnis?« grinste er.

»Man hat mir erzählt, daß Sie mal mit ihr befreundet waren.«

»Stimmt. Sogar ziemlich lange, über sieben Jahre, aber zum Schluß hatten wir uns einfach satt. Sie paßt ja auch viel besser zum Jakob als zu mir.« Dabei lachte er selbstgefällig.

Leider konnte sie ihm nicht widersprechen – zumindest was das Äußere anging: Jakob Heuvelmann war genauso unscheinbar wie seine Frau.

Sie stand auf. »Ich habe keine weiteren Fragen.«

»Nicht? Das ist schade. Ich hoffe, wir sehen uns einmal wieder!«

»Sind Sie sicher?« fragte Astrid kalt und ließ ihn stehen.

»Schließt du den Wagen nicht ab?« wunderte sich Toppe.

»Wer klaut schon ein Auto auf dem Polizeiparkplatz?« meinte van Appeldorn und öffnete die Tür zum Präsidium.

»Oh nein«, erstarrte er und versuchte, sich ganz schnell am Tresen vorbeizudrücken. Er hatte keine Chance. Ackermann hatte nur auf sie gewartet.

Jupp Ackermann aus Kranenburg, der beim Betrugsdezernat arbeitete, war für van Appeldorn schon immer eine Heimsuchung gewesen. Sein ungepflegtes Äußeres – die angefaulten, braunen Zähne, der fusselige Bart, die ungeschnittenen Haare – sein Lokalpatriotismus, seine Distanzlosigkeit, vor allem aber seine Art, das Leben lauthals leicht zu nehmen, das alles ging van Appeldorn wahnsinnig auf die Nerven. Toppe dagegen mochte ihn.

»Da seid ihr ja endlich! Is' dat nich' schön, dat wir jetz' zusammen an dem Fall arbeiten?«

»Ich höre immer zusammen«, sagte van Appeldorn drohend.

»Ja, isset denn wahr! Von wegen die eine Hand weiß nich' wat die andere ... Ich hab' doch mit Freund Heinrichs die ganze Schose durchgekakelt. Ja, glaub ich et denn!«

14

Heinrichs holte tief Luft: »In der Reha hat man mir beigebracht, ich soll immer sagen, was mir auf dem Herzen liegt.«

Es fiel ihm nicht leicht. »Ich habe mich gestern unheimlich über euch geärgert, mich richtig verarscht gefühlt. Der eine will in die Badewanne, der andere muß sich unbedingt ein Bett kaufen ...«

»Tut mir leid«, kam es leise von Astrid.

»... und ich sitze mir hier den Hintern breit und telefoniere mir die Finger wund.«

»Mir tut es auch leid, Walter, wenn du was in den falschen Hals gekriegt hast«, sagte Toppe, »aber du weißt ganz genau, daß wir auch nicht den ganzen Tag auf der faulen Haut gelegen haben.«

»Trotzdem! Ein bißchen Rücksicht, unter uns wenigstens ... Ich habe dem Alten doch auch was von Brechdurchfall erzählt, als du und Astrid ...«

Van Appeldorn hatte die Nase voll. »Was ist mit Ackermann? Das ist im Moment das einzige, was mich wirklich interessiert. Wieso taucht der schon wieder bei uns auf?«

»Im Unter-den-Tisch-Kehren sind Sie wahrhaftig Weltmeister!« fuhr Astrid zu ihm herum. »Aber damit schafft man leider kein Problem aus der Welt!«

»Nicht?« meinte van Appeldorn höhnisch. »Was ist los? Wollt ihr eine Stechuhr einführen?« Er sah sie kopfschüttelnd an. »Also, mir reicht der tägliche Kleinkrieg mit Stasi vollkommen, da muß ich das hier wirklich nicht haben. Spinnt ihr denn? Bis jetzt war das doch nie ein Thema zwischen uns. So weit ich weiß, ruht sich hier keiner auf den Knochen der anderen aus, oder?«

»Eigentlich nicht«, meinte Heinrichs einlenkend.

»Es war im Prinzip schon ganz in Ordnung, was du gesagt hast, Walter«, meinte Toppe. »Wir haben wirklich nicht daran gedacht, welchen Stress du hast. Wie geht es denn deiner Frau?«

»Gut«, antwortete Heinrichs. »War wohl falscher Alarm, das ganze. Die haben ihr da gestern so einen Ring eingesetzt, und jetzt ist sie schon wieder ziemlich fit.«

»Prima«, meinte van Appeldorn. »Und was ist jetzt mit Ackermann?«

»Was soll mit ihm sein? Ich war drüben bei den Leuten vom Betrug, weil mir da so einiges in diesem Altenheim spanisch vorkommt.«

»Und? Sind sie drauf angesprungen?« fragte Toppe.

»Aber heftig.«

»Angeblich war Heidingsfeld die erste Unregelmäßigkeit, die passiert ist. Sagt jedenfalls dieser Herr Sowieso vom Stiftungsbeirat.«

»Was zu beweisen wäre. Vor allem sollen die Jungs erst mal

die 210.000 Mark auftreiben, die nach Heidingsfelds Hausverkauf verschwunden sind. Ich glaube, Ackermann wollte heute noch nach Uedem fahren.«

»Die arme Holbe«, grinste van Appeldorn.

»Was ich noch sagen wollte«, meinte Heinrichs. »Herr Siegelkötter läßt sich bis Mitte nächster Woche entschuldigen. Er muß auf eine Mafiatagung, organisiertes Verbrechen und so.«

»Naheliegend«, nickte Toppe und drehte sich zu Astrid um. »Erzähl mal von dem Hausmeister.«

Astrid berichtete von Schöninghs Beziehung zu Johanna Heuvelmann und gab dann seine Schilderung der Ereignisse wieder.

Die Anschläge auf die Pferde waren jeweils zwischen 17.00 und 20.30 Uhr passiert. An beiden Abenden waren dieselben Personen im Haus gewesen, Jakob und Johanna Heuvelmann, Manfred Schöningh und Sabine Merges, eine Auszubildende, die ein Zimmer auf dem Hof hatte. Um 17 Uhr endete der offizielle Arbeitsbetrieb, die Pferdepfleger gingen nach Hause. Heuvelmann war dann unter die Dusche gestiegen, um den Stallgeruch loszuwerden, Sabine Merges hatte sich bis zum Abendbrot in ihr Zimmer zurückgezogen, während Johanna gekocht hatte. Am ersten Abend hatte es Bratkartoffeln mit Rührei und Salat gegeben, am zweiten Apfelpfannkuchen. Schöningh war, wie er es ausdrückte, der Hausfrau zur Hand gegangen. Dann hatte man gemeinsam gegessen, sich unterhalten und die Tagesschau geguckt. Hinterher hatte Heuvelmann, wie jeden Abend, seinen Rundgang durch die Ställe gemacht, und Schöningh war mitgegangen. Dabei hatten sie dann die Pferde entdeckt; mit aufgeschlitztem Hals lagen sie in einer riesigen Blutlache in ihrer Box. Die Alarmanlage, die Heuvelmann nach dem ersten Anschlag hatte installieren lassen, mußte am 29. Dezember eingeschaltet gewesen sein, denn Schöningh erinnerte sich, daß Heuvelmann sie vor dem Betreten der Ställe außer Betrieb gesetzt hatte. Ob die Türen abgeschlossen gewesen waren, wußte Schöningh nicht mehr. Er erinnerte sich aber, daß es beide Male eine klare Vollmondnacht gewesen war.

»Schöningh hat zweimal mit te Laak gesprochen«, erzählte Astrid. »Einmal an Silvester und einmal letzten Samstag zwischen zwei und halb drei, als te Laak im Haus Ley war.«

»Ach nee?« sagte van Appeldorn.

»Ach doch«, antwortete Astrid. »Schöningh sagt, er wäre gerade auf dem Hof gewesen und hätte gesehen, daß te Laak aus dem Haus kam.«

»Die arme Holbe«, meinte van Appeldorn wieder. »Jetzt muß sie uns doch noch länger in ihren heiligen Hallen ertragen. Auch der Stiftungsbeirat wird sehr enttäuscht sein.«

»Mit irgendwem muß te Laak ja wohl gesprochen haben«, sagte Toppe. »Vielleicht mit einem von den ... Gästen?«

»Oder er hat was gesucht?« überlegte Heinrichs.

»Oder Schöningh hat gelogen«, murmelte Astrid.

»Wieso?« fragte Toppe erstaunt. »Warum sollte er lügen?«

»Ach, ich weiß nicht. Kann doch sein, daß te Laak nach Uedem gefahren ist, um nur mit Schöningh zu sprechen.«

»Warum sollte Schöningh uns das dann erzählen?«

»Vielleicht hat er Angst, daß jemand gesehen hat, wie sie miteinander geredet haben.«

Astrid streckte sich vorsichtig im heißen Wasser aus. Sie hatte den Ausritt mit Mareike genossen, aber jetzt spürte sie doch, daß sie schon lange nicht mehr auf einem Pferd gesessen hatte. Früher war ihr auch nie aufgefallen, wie stark man hinterher nach Tier roch. Sie rümpfte die Nase und angelte nach der Flasche mit dem Ölbad.

Schöningh hatte also offensichtlich deshalb Pleite gemacht, weil er ein Gernegroß war.

»Der wußte einfach nicht, was er wollte«, hatte Mareike gesagt. »Einerseits machte er auf Nobelzucht, auf der anderen

Seite trieb er sich in der Rennszene in Dinslaken und Düsseldorf herum und haute kräftig auf den Putz.«

»Du kannst ihn nicht leiden.«

»Bestimmt nicht. Dem waren die Tiere überhaupt nicht so wichtig. Was der wollte, war ein dicker Schlitten und jede Menge Weiber.«

Schon knapp drei Jahre, nachdem Schöningh den Betrieb von seinem Vater übernommen hatte, war er in den Konkurs gegangen. Der Hof und die Pferde mußten versteigert werden, und so war Jakob Heuvelmann für eine lächerliche Summe an seine beiden besten Zuchthengste gekommen.

»Die Tiere haben den Jakob ganz schön nach oben gebracht. Vorher hatte der einen recht kleinen Betrieb«, hatte Mareike gemeint. »Aber leicht ist ihm das nicht gefallen. Jakob ist ein unheimlich netter Kerl, und immerhin ist Schöningh sein bester Freund. Warum, weiß der Himmel.«

Astrid setzte sich auf und verteilte grübelnd Duschgel auf ihrem Oberkörper. Morgen war Samstag, da konnte sie Johanna Heuvelmann zu Hause erwischen. Sie mußte mit beiden Heuvelmanns sprechen und herausfinden, ob die Abende so gewesen waren, wie Schöningh sie beschrieben hatte.

Ein Fäustling war ein schwerer, quaderförmiger Hammer, soviel wußte sie inzwischen. War der so handlich, daß man ihn in der Jackentasche verstecken konnte? Und gab es da nicht eine ganz bestimmte Stelle am Schädel des Tieres, die man treffen mußte, um es sofort zu betäuben? Sie erinnerte sich dunkel, so etwas mal gelesen zu haben. Dazu konnte ihr Jakob Heuvelmann bestimmt was erzählen.

Astrid trocknete sich ab, rieb sich sorgfältig mit Körperlotion ein, löste ihre hochgesteckten Haare und bürstete sie ausgiebig. Dann ging sie hinüber in ihre Miniküche, goß Milch in einen Topf, stellte ihn auf die Kochplatte und schaltete den Herd ein.

Irgendetwas rumorte in ihr, und diesmal hatte es nichts mit Helmut zu tun.

Während sie darauf wartete, daß die Milch kochte, rührte sie im Mixbecher Kakaopulver an, mit viel Zucker und einer Prise Salz.

»Dr. Grootens – genau!« sagte sie laut und goß den heißen Kakao in einen Becher. Ein Schuß Rum noch? Ja, einen großen.

Sie trug das Gebräu zum Bett, kuschelte sich in ihre Decke, nahm *Die Säulen der Erde* zur Hand und versuchte zu lesen, aber sie konnte sich nicht konzentrieren. Verdammt noch mal, wo war ihr der Name Dr. Grootens schon mal begegnet?

Etwa zur selben Zeit zog Toppe willkürliche Kreise durchs schlafende Materborn. Es war sowieso zu spät – obwohl ... vor Mitternacht waren sie eigentlich nie ins Bett gegangen.

Kurz vor Ladenschluß hatte er sich in einem Anfall von Leichtsinn eine Stereoanlage gekauft, und jetzt brannte er darauf, sie auszuprobieren. Nur, alle seine Platten standen noch bei Gabi im Wohnzimmer. Konnte er einfach so nach sechs Wochen auftauchen und sagen: Entschuldige, ich wollte nur eben meine Platten abholen?

Warum eigentlich nicht? Mit festen Schritten ging er endlich den Gemeindeweg entlang auf sein Haus zu. Sein Haus? Er erinnerte sich gut an die Bauzeit, an viele kleine Einzelheiten, aber wenn er mal ehrlich war, zu Hause hatte er sich da nie wirklich gefühlt. Seine Schwiegereltern hatten ihn ständig spüren lassen, daß das Grundstück ein großzügiges Geschenk gewesen war, und sich von Anfang an in jede Kleinigkeit eingemischt. Er hatte sich immer beobachtet gefühlt, und Gabi war hin- und hergerissen gewesen. Wahrscheinlich würde morgen der gesamte Gemeindeweg wissen, daß er heute abend hier geklingelt hatte. Er warf einen Blick auf den geschmacklosen Fußabstreifer, den Ackermann ihnen damals zum Einzug geschenkt hatte, und schellte.

Gabi versteckte ihre Überraschung. »Hallo!«

Sie hatte sich verändert, oder kam ihm das nur so vor? Schlanker war sie, fast dünn, ihre Haare waren länger und lockig. Sie trug ein enges grünes Kleid und sah fremd aus. Er wußte nicht, wo er seine Hände lassen sollte.

»Ich wollte nur ... könnte ich meine Platten abholen?«

»Bitte, du weißt ja, wo sie stehen«, meinte sie und öffnete die Tür weit.

Er hätte gern was gesagt, aber es fiel ihm nichts ein, und so trat er in den Flur, sah die Gummistiefel der Kinder und seinen alten Parka an der Garderobe.

»Hast du einen Karton?« fragte er.

»Ich guck' mal im Keller nach.«

Im Wohnzimmer ging Toppe zielstrebig zum Regal und griff nach den Platten. Welche? Ein paar hatte er mit in die Ehe gebracht, zwei, drei Gabi, den Rest hatten sie mehr oder weniger gemeinsam gekauft. Was konnte er mitnehmen? Er schluckte.

»Ist der hier groß genug?« fragte sie hinter ihm.

Er fuhr herum und sah ihr in die Augen. Ihr Mund wurde ganz schmal.

»Du hast dich ja schnell getröstet«, preßte sie zwischen den Zähnen hervor.

Sein Magen krampfte sich zusammen. »Das ist kein Trost!«

Er wollte sie in die Arme nehmen, aber sie lachte: »Ist es nicht?«

»Nein.«

»Hast du deine Platten?«

»Ich weiß nicht ... Welche kann ich mitnehmen?«

»Von mir aus alle.«

»Nein, das will ich nicht.«

»Es wird allmählich Zeit, daß wir unsere Sachen aufteilen.«

»Nein!« Er legte ihr die Hände auf die Schultern. Sie blieb spröde, aber sie wehrte sich nicht.
»Wie packst du es, allein mit den Kindern?«
»Danke, wir kommen klar.«
Zögernd ließ er sie los. »Ich nehme nur ein paar Platten mit.«
»Du kannst sie wirklich ruhig alle nehmen, ich höre sie sowieso nicht.«

15

»Milch und Zucker?«
»Nur Milch, bitte«, antwortete Astrid.
Jakob Heuvelmann holte das Kännchen aus dem Kühlschrank und stellte es auf den Tisch. Er war ein kleiner Mann von Ende Vierzig mit rotblonden Haaren, einem runden Gesicht und warmherzigen Augen.
»Wollen Sie wirklich kein Rosinenbrot dazu?«
»Nein, danke, wirklich nicht.«
In der großen Wohnküche war es behaglich. Die modernen Geräte fielen kaum auf neben dem antiken Küchenschrank und dem blankgescheuerten Eichentisch, an dem sie saßen. Johanna hatte augenscheinlich einen Sinn für Romantik: An den Fenstern hingen Spitzengardinen, an jedem Regalbrett gestickte Borten, und auf dem wuchtigen Ohrensessel am Kamin lagen gehäkelte Deckchen.
»Das stimmt, Manfred hat meiner Frau beim Kochen geholfen. Er macht das schon mal öfter. Die beiden verstehen sich immer noch gut«, zwinkerte Jakob.
Johanna wurde flammrot und lachte laut. Er drückte unbeholfen ihre Hand und flüsterte: »Ist doch in Ordnung, Kleines«, aber sie ließ sich nicht beruhigen, sondern plätscherte

los wie ein Wasserfall. Astrid war das gar nicht mal unangenehm; so bekam sie ein klares Bild.

Johannas Beschreibung der Abende deckte sich perfekt mit Schöninghs Schilderung.

Jakob druckste die ganze Zeit an etwas herum, aber er hatte keine Chance, zu Wort zu kommen. Er sah auf die Uhr.

»Könnte ich noch einen Kaffee haben?« stoppte Astrid schließlich Johannas Redeschwall.

»Sagen Sie«, begann Jakob vorsichtig, »das hört sich alles so an ... Verdächtigen Sie eigentlich einen von uns?«

»Nein«, entgegnete Astrid nachdrücklich, »verdächtigen tu ich überhaupt niemanden. Im Augenblick sammle ich nur Informationen.«

Aber Jakob Heuvelmann überlegte laut weiter: »Johanna und Manfred waren ja die ganze Zeit zusammen, aber ...« Er lachte ungläubig. »Da wär' ich ja der Hauptverdächtige! Oder Sabine. Das ist doch total absurd!«

Astrid nickte beschwichtigend.

»Das Mädchen ist vollkommen verrückt mit den Tieren. Die würde eher ihrer eigenen Schwester was antun als einem Pferd. Und ich? Höchstens in einem Anfall geistiger Umnachtung. Und glauben Sie mir, ich bin völlig gesund! Sonst hätte ich te Laak doch auch nicht engagiert!«

»Das glaube ich Ihnen ja auch«, meinte Astrid und wandte sich wieder ihren Fragen zu.

Beim zweiten Anschlag sei die Alarmanlage tatsächlich in Betrieb gewesen, erzählte Jakob. Der Täter mußte sie ausgeschaltet und später wieder eingeschaltet haben, was darauf hinwies, daß er vom Wohnhaus her in den Stall eingedrungen sein mußte.

»Und das hat keiner von Ihnen gemerkt?«

Sie schüttelten beide den Kopf.

»Er konnte durch die Seitentür an der Waschküche rein«,

meinte Jakob. »Das Schloß kriegt man mit einem einfachen Dietrich auf.«

»Haben Sie nach den Anschlägen überprüft, ob die Tür abgeschlossen war?«

»Sicher. Sie war zu, genauso wie die hinteren Stalltüren und die Fenster. Aber wenn man die Tür mit einem Dietrich aufschließt, kann man sie natürlich auch wieder abschließen.«

»Eines verstehe ich nicht«, mischte sich Johanna ein. »Sie haben doch gesagt, es geht um den Mord an dem Detektiv. Was haben dann unsere toten Pferde damit zu tun?«

»Doch«, sagte Jakob, »das verstehe ich schon. Irgendeiner hat te Laak so gehaßt oder vielleicht auch so viel Angst vor dem gehabt, daß er ihn umgebracht hat. Und das kann durchaus derjenige gewesen sein, der auch meine Hengste auf dem Gewissen hat. Aber«, fuhr er ernsthaft fort, »wenn ich ehrlich sein soll, ich glaube nicht, daß te Laak in unserer Sache was rausgekriegt hat. Die schien ihn gar nicht so besonders zu interessieren.«

Er sah sie ratlos an, aber Astrid wiegte nur unbestimmt den Kopf und schwieg.

Jakob Heuvelmann schaute wieder auf die Uhr und gab sich einen Ruck. »Könnten Sie wohl mal zehn Minuten ohne mich auskommen? Ich müßte noch zur Apotheke, und die macht gleich zu.«

»Kein Problem«, antwortete Astrid. »Die restlichen Fragen kann mir Ihre Frau beantworten.«

»Aber ich weiß überhaupt nicht, was ich noch sagen könnte«, meinte Johanna unglücklich, als ihr Mann gegangen war.

Astrid starrte die Wand an. Plötzlich wußte sie, wo ihr der Name Dr. Grootens begegnet war.

»Ich werd' verrückt«, sagte sie laut.

Johanna sah sie erschrocken an. »Ist was nicht in Ordnung?«

»Es hat nichts mit Ihnen zu tun. Mir ist nur gerade was eingefallen«, meinte Astrid und versuchte, sich wieder zu konzentrieren. »Haben Sie die Pferde nach dem Attentat gesehen?«

»Nur das erste. Es war so abscheulich. Das Bild hatte ich noch tagelang vor Augen. Ich konnt' überhaupt nicht mehr schlafen. Und wenn, dann hab' ich immer davon geträumt. Nein, das wollte ich mir nicht noch mal antun.«

»In den Polizeiberichten steht, die Tiere seien vorher betäubt worden.«

»Ja, genau.«

»Mit einem Hammer.«

»Ja, mit einem Fäustling.«

»Wie konnte man das so genau wissen?«

»Man sah das am Abdruck, sagt mein Mann. Der Typ hätte es gemacht wie ein Kopfschlächter, sagt er.«

»Kopfschlächter?«

»Metzger.«

»Was meinte Ihr Mann damit?«

»Na ja, er meinte wohl das mit der Betäubung vorher.«

Das Gespräch wurde immer zähflüssiger.

»Gibt es da einen besonderen Punkt am Schädel des Tieres, den man genau treffen muß?«

»Ja. Wie war das noch? Man denkt sich zwei Linien; eine vom linken Ohr zum rechten Auge und eine vom rechten Ohr zum linken Auge, und dann ein bißchen oberhalb vom Schnittpunkt, das ist die Stelle.«

Walter Heinrichs fehlte Breiteneggers stoische Gelassenheit, die man als Aktenführer brauchte. Er langweilte sich inzwischen grenzenlos bei diesem Schreibtischjob, er vermißte einfach die nötige Nahrung für seine Phantasie. Zwar hatte er sich nicht ausdrücklich beschwert, aber seine Frage: »Meint ihr nicht, wir bräuchten in Uedem noch einen dritten Mann?«

war kaum mißzuverstehen, und Toppe hatte ihn gerne mitgenommen.

So fand Astrid, als sie aus Pfalzdorf zurückkam, das Büro verwaist, konnte sofort an den Computer gehen und ohne störende Unterbrechung ihr Puzzle zusammensetzen. Nur einmal, als ihr Magen gar nicht aufhören wollte zu knurren, lief sie hinüber zur Tankstelle und holte sich Kekse und ein paar Schokoriegel.

Heinrichs hatte sich in aller Ruhe im Haus Ley umgesehen, war durch die Anlagen gestreift und saß jetzt neben Auguste Beykirch im Fernsehraum. Toppe konnte sie durch die Glastür miteinander lachen sehen. Er und van Appeldorn hatten sich gerade mit den beiden anderen Altenpflegerinnen unterhalten; erfolglos, sie kannten te Laak nicht, hatten ihn nie gesehen. Margret van de Flierdt, die jüngere der beiden, war eine arge Geduldsprobe gewesen. Offenbar litt sie an einer schweren Form von Helfersyndrom und hatte ihnen mit schriller Stimme die Bedeutung ihrer Arbeit und ihr Engagement in die Ohren geblasen.

Van Appeldorn stand wieder an der Gartentür. »Ich hab' wirklich noch nie gesehen, daß jemand mitten im Winter seinen Garten umgräbt«, murmelte er und gähnte.

»Was ist?« Toppe war ganz in Gedanken gewesen.

»Sollen wir uns nicht aufteilen?« fragte van Appeldorn und schlackste heran. »Du übernimmst die Köchin, und ich gehe schon mal rüber zu den beiden Therapeuten.«

»Das sind Holländer«, warnte Toppe, der sich sehr gut an ein paar schwierige Situationen erinnern konnte.

»Eben«, meinte van Appeldorn fröhlich. »Ab und zu muß der Job ja auch mal Spaß machen.«

Frau Holbe kam und teilte Toppe mit, er müsse sich noch ein wenig gedulden, die Köchin könne erst in einer halben Stunde kommen.

Sie lächelte entschuldigend. »Frau Seeghers ist eine sehr energische Frau. Aber Sie werden sie ja gleich kennenlernen. Wollen Sie so lange auf einen Kaffee mit in mein Büro kommen?« Heute wirkte sie mädchenhaft, sprach warm und einlenkend.

»Mußten Sie mir wirklich diesen Herrn Ackermann schicken?«

»Tja ...« sagte Toppe.

»Ich meine, ich weiß, daß ich einen Fehler gemacht habe bei der Abrechnung. Aber im Grunde war das ja nicht einmal meine Schuld.«

Toppe antwortete ihr nicht. Er sah zu, wie sie den Kaffee eingoß.

»Na ja«, meinte sie und setzte sich. »Sie tun wohl auch nur Ihre Pflicht. Und wie geht es nun weiter?«

»Ich bräuchte eine Liste all Ihrer Heimbewohner.«

»Ach, herrjeh«, sagte sie traurig. »Ist das denn wirklich nötig? Sie bringen die alten Leutchen so durcheinander.«

»Ich glaube nicht, daß es so schlimm wird«, entgegnete Toppe. »Wir werden es so kurz wie möglich machen.«

»Das traue ich Ihnen schon zu, aber ... haben Sie sich mal Gedanken gemacht, in welcher Situation unsere Gäste hier sind?«

»Es sieht ganz so aus, als ginge es ihnen hier sehr gut.«

»Tja, äußerlich schon. Aber stellen Sie sich mal vor, wie es in jemandem aussieht, der hier ankommt. Der ist aus seinem normalen Leben gerissen worden und zunächst einmal völlig entwurzelt. Ein Altenheim ist die Endstation, da gibt es nichts zu beschönigen.«

Toppe runzelte die Stirn. Die Worte waren ihm ein bißchen zu groß.

Sie lachte leise in sich hinein. »Dr. Billion, eine unserer Gäste, drückt das immer sehr deutlich aus: Ich bin hier in der Warteschleife.«

Susanne Holbe sah Toppe in die Augen. »Viele sind in der ersten Zeit sehr deprimiert. Wir bemühen uns natürlich um eine intensive psychische Betreuung, versuchen zum Beispiel, jedem kleine Aufgaben für die Gemeinschaft zu geben, sein Leben hier sinnvoll zu machen. Aber im Grunde ist das nur Kosmetik. Stellen Sie sich mal vor, Sie haben bisher ein selbstbestimmtes Leben geführt und kommen hier an. Plötzlich gibt es Vorschriften, Sie müssen sich an Regeln halten, Sie müssen sich auf wildfremde Menschen einstellen, die Sie sich nicht aussuchen können, auf alte Menschen, von denen viele gebrechlich und wunderlich sind, Ihnen vielleicht sogar unangenehm. Trotzdem müssen Sie bleiben und sich abfinden.«

Toppe fühlte sich auf einmal unbehaglich; so konkret hatte er sich noch nie Gedanken darüber gemacht. Es hatte immer nur so ein verschwommenes Bild gegeben von ihm und Gabi, wie sie endlich große Reisen machen und das Leben genießen konnten. Was tat ein alter Mann ganz allein?

»In welchem Alter kommen die Leute zu Ihnen?«

»Das ist ganz verschieden. Wenn sie sich nicht mehr allein versorgen können, wenn die Bewältigung des Alltags zu mühsam wird. Oder wenn sie ihren Kindern und Enkel auf die Nerven gehen. Altsein ist den Menschen unangenehm.«

Toppe nickte, sie hatte recht. Lebenserfahrung war nicht mehr gefragt; Leistung zählte, Dynamik, das erfuhr er schließlich selbst an allen Ecken und Enden. Trotzdem war ihm Susanne Holbes Sicht zu bitter.

»Keineswegs«, erklärte sie. »Selbst die nackten Zahlen beweisen das. Die Selbstmordrate steigt bei den über Siebzigjährigen um das Dreifache, die Dunkelziffer nicht mitgerechnet, bei den über Achtzigjährigen ist sie sogar fünfmal so hoch.«

Toppe seufzte. »Und was stellen Sie sich für Ihr eigenes Alter vor?«

Sie lachte milde. »Ich habe vermutlich die gleichen Illusionen wie alle anderen auch. Bis zum Schluß ein interessantes und behagliches Leben führen und geistig und körperlich fit bleiben.«

»Ja«, sagte Toppe, »und dann einfach irgendwann umkippen, und das war's dann.«

»Irgendwer hat mal gesagt: ›Wissen Sie, woran ich merke, daß ich alt bin? Niemand gebraucht mehr das Wort Tod in meiner Gegenwart.‹ In dieser absurden Situation sind wir hier auch. Das stört mich. Ich denke im Augenblick darüber nach, ob wir nicht einen Gesprächskreis zu diesem Thema einrichten sollen.«

Toppe schwieg beklommen.

»Es führt kein Weg dran vorbei«, meinte er schließlich. »Ich muß mit den alten Leuten sprechen. Te Laak ist mit ziemlicher Sicherheit am letzten Samstag hier gewesen, und wir müssen wissen, warum.«

Susanne Holbe räusperte sich und hob bedauernd die Hände.

»Oder können Sie sich vorstellen, daß er ungesehen hier ins Haus gekommen ist?«

»Möglich ist alles.«

»Was könnte er dann hier gesucht haben?«

»Die Akte von Larissa Heidingsfeld?« meinte sie fragend. »Aber ich schließe mein Büro immer ab, wenn ich nicht da bin. Er hätte also kein Glück gehabt.«

16

Auguste Beykirch beugte sich über ihre dicke Lupe und kniff die Augen zusammen.

»Ja, hier«, sagte sie und tippte auf das Bild. »Das ist die Heidingsfeld.«

Sie war dabei, Fotos der letzten beiden Weihnachtsfeiern und von der Sommerparty in ihr Album zu kleben, und fand es prima, daß Heinrichs ihr dabei Gesellschaft leistete.

»Die da neben dem Tannenbaum.«

Heinrichs betrachtete die Frau auf dem Foto. Sie stand, sehr zerbrechlich in ihrem dunklen Kleid, neben dem Weihnachtsbaum, ein Sektglas in der Hand, und schaute in die Kamera.

»Bedauerlicherweise konnte sie es sich damals am Heiligabend nicht verkneifen zu singen«, erzählte Auguste. »Es mag ja sein, daß sie mal wirklich gut war, aber leider nagt das Alter auch an den Stimmbändern, nicht wahr?« Sie schüttelte sich. »Können Sie sich das vorstellen? Stille Nacht, und dann auch noch Sopran!«

Heinrichs lachte. »Grauenhaft!«

Er wollte den Fotostapel weiter durchblättern, aber die alte Dame schob ihm ein Bild direkt unter die Nase.

»Und das ist mein Bruder mit seiner neuen großen Liebe.«

»So, so.«

Emil Wagner hielt eine große, kantige Frau fest im Arm. Der zärtliche Ausdruck in ihren Augen paßte so gar nicht zu ihrem herben Gesicht.

»Dr. Franka Billion«, meinte Auguste. »Psychiaterin; erst ein paar Monate hier. Sie ist noch ein junger Hüpfer, gerade mal dreiundsechzig.«

»Liebe auf den ersten Blick?« fragte Heinrichs.

»Das kann man wohl sagen. Wie 'n Donnerschlag! Frau Holbe ist ganz schön aus dem Häuschen.« Sie zwinkerte ihm zu. »Die beiden sind nämlich noch sehr rüstig, wenn Sie wissen, was ich meine.«

Heinrichs kicherte. »Ich dachte, das hier ist ein katholisches Haus.«

»Na, eben. In unserem Alter tut man ›es‹ ja sowieso nicht mehr, und dann auch noch ohne den Segen der Kirche! Ich meine, Emil würde ja sofort heiraten, aber Franka denkt gar nicht dran. Die läßt sich den Käs' nicht nehmen.«

Vor lauter Begeisterung überschlug sich ihre Stimme. »Gestern hat die Holbe beide zu sich zitiert und ihnen was erzählt von Anstand und Sitte und an die Gesundheit denken. Wissen Sie, was Franka da gemacht hat?«

»Nee, was denn?« fragte Heinrichs gespannt.

»Beim Abendbrot ... gestern war ja Freitag, da ißt Frau Holbe immer mit uns. Mittendrin steht Franka auf, geht um den Tisch rum zu Emil und küßt ihn. Aber richtig!«

Heinrichs schlug sich auf die Schenkel, aber Auguste Beykirch griff energisch nach seiner Hand.

»Das war doch noch gar nicht alles! Dann meint sie – und ich kann Ihnen sagen, die hat vielleicht eine Stimme – sagt sie: ›Ich halt's nicht mehr aus, Liebling. Gehen wir in dein Zimmer oder in meins?‹ – Ich dachte, die Holbe beißt ins Tischtuch.«

»Und dann?«

»Dann sind die zwei rausstolziert. Ich hab' mich bloß gewundert, daß Emil nicht rot geworden ist.«

»Langweilig ist es hier wohl nicht.«

»Nie! Irgendwas ist immer los. Im Moment seid ihr ja die Sensation. Aber auch sonst, die Leute sind schon ganz spannend.« Sie kniff ihm verschwörerisch ein Auge.

»Da kommt gerade ein Prachtexemplar«, flüsterte sie, schnappte sich fix ein Bündel Fotos und war auf einmal sehr beschäftigt.

Ein großer, knochiger Mann kam herein. Er hatte ein kantiges Gesicht mit breiten Wangenknochen, eine Hakennase und kleine schwarze Augen. Herrisch hatte er das Kinn vorgeschoben. An seinem Arm hing, wie ein Fremdkörper, eine verschrumpelte Frau, bei der Heinrichs sofort an Zitronen dachte.

Der Mann steuerte direkt auf ihn zu, den Blick fest auf

Heinrichs' Bauch gerichtet. Als er vor ihm stehenblieb, nahm er die Füße zusammen. »Köster, mein Name, Hans Herrmann Köster. Sie sind von der Kriminalpolizei.« Es war eine Feststellung.

»Höchste Zeit«, fiepste die Frau, »höchste Zeit, daß endlich die Polizei kommt.«

Der Mann sah angewidert auf sie herunter und schüttelte sie ab. Dann packte er sie bei den Oberarmen, schob sie vor sich her wie eine Gliederpuppe und verfrachtete sie mit drei, vier gezielten Handgriffen in einen Sessel am Ende des Raumes.

»Und jetzt hälst du den Mund«, schnarrte er.

Die Frau zog die Unterlippe zwischen die Zähne und fing an, darauf herumzukauen; ihr Blick flitzte hin und her.

Köster zog einen Stuhl neben Heinrichs und setzte sich aufrecht.

»Es wird immer schlimmer mit meiner Frau«, sagte er, aber es klang nicht entschuldigend. »Diese Verwirrtheitszustände, schrecklich! Dr. Grootens kriegt es nicht mehr in den Griff. Jetzt hat sie irgendwo etwas von diesen österreichischen Krankenschwestern mit der aktiven Sterbehilfe aufgeschnappt. Seitdem leidet sie an akutem Verfolgungswahn. Es ist unerträglich. So habe ich mir meinen Lebensabend wahrhaftig nicht vorgestellt!«

Heinrichs sah wieder zu der Frau hinüber, die jetzt eine Schachtel Plätzchen auf dem Schoß hatte. Man konnte sehen, daß es all ihre Konzentration kostete, die Kekse aus dem Paket zu nehmen und zum Mund zu führen.

»Sie stopft sich schon wieder voll«, stöhnte Köster.

»Irgendwann muß sie ja mal essen«, pfiff ihn Auguste an.

»Bei den Mahlzeiten rührt sie nämlich nichts mehr an«, erklärte sie Heinrichs. »Sie guckt die ganze Zeit, ob einer von uns vom Stuhl kippt. Aber irgendwann hat sie diese Giftgeschichte bestimmt auch wieder vergessen.«

Damit rutschte sie auf dem Stuhl nach vorn, bis ihre Füße den Boden berührten, nahm ihr Fotoalbum und ging zu Frau Köster hinüber. »Komm, ich zeig' dir was Schönes, Tessa. Und gib mir eins von deinen Plätzchen ab, ja?«

Köster schickte ihr einen häßlichen Blick hinterher und meinte dann: »Stellen Sie Ihre Fragen!«

Heinrichs lehnte sich behäbig zurück. »Ja ...«

Weiter kam er nicht. Köster stieß seine Vogelnase in die Luft. »So präzise wie möglich, bitte!«

»Gern«, unterdrückte Heinrichs ein Schmunzeln. »Kennen Sie den Detektiv Gerhard te Laak und haben Sie ihn am vorigen Samstag, den 29.2. hier gesehen?«

Köster runzelte mißmutig die Stirn. »Beginnen wir mit der zweiten Hälfte: nein, ich habe te Laak am vergangenen Samstag nicht gesehen. Das war auch nicht gut möglich, denn so weit ich unterrichtet bin, handelt es sich um den Zeitraum zwischen 13 und 15 Uhr, und da ist hier im Hause Mittagsruhe.« Es schien ihn mächtig zu ärgern.

»Und dann sind Sie alle in Ihren Zimmern?«

»Selbstverständlich. Aber um korrekt zu sein: wir leben hier in einem Appartement.«

»Ach, Appartements gibt es hier auch?«

»Für die wenigen, die sich das leisten können, natürlich.«

»Wieviele Zimmer und Appartements gibt es hier insgesamt?«

Die Antwort kam ohne Zögern. »Vier Zimmer für Pflegefälle, vier Einzelzimmer mit Bad, zwei Appartements für eine Person und zwei Luxusappartements für Paare.«

»Das heißt, wenn Sie voll belegt sind, leben hier vierzehn Personen.«

»Wir sind immer voll belegt.«

»Leben Sie schon lange hier?«

»Vom ersten Tag an. Ich habe die Idee von der Residenz mit geboren. Familie Herrweg und wir sind seit vielen Jahren eng befreundet. Aber zurück zu Teil eins Ihrer Frage: ich kannte Herrn te Laak.«

»Gut. Und woher kannten Sie ihn?«

»Ich habe am 31.12. letzten Jahres ein ausführliches Gespräch mit ihm geführt, denn ich hielt es für meine Pflicht, ihn über gewisse Dinge aufzuklären.«

Heinrichs beugte sich interessiert vor.

Hinter ihnen wurde der Fernseher eingeschaltet, und Auguste Beykirch kam zurück an den Tisch. Sie schob sich auf den Stuhl und sah sie beide neugierig an. Köster beachtete sie nicht.

»Zum Beispiel über dieses saubere Pärchen Heuvelmann und Schöningh«, fuhr er fort.

»Was meinen Sie mit ›sauberem Pärchen‹?« fragte Heinrichs.

Köster überlegte: »Eigentlich ... nein, um dazu präzise Auskünfte zu geben, müßte ich meine Unterlagen holen.«

Auguste gluckste in sich hinein.

»Was denn für Unterlagen?« staunte Heinrichs.

»Nun, ich habe über jede Person hier im Haus ein Dossier angelegt. Wenn man jahrzehntelang ein erfolgreiches Unternehmen leitet, dann geht einem so etwas in Fleisch und Blut über.«

Heinrichs rang um Fassung.

»Darüberhinaus führe ich seit meinem zweiundfünfzigsten Lebensjahr ein Tagebuch, in dem ich alle mir wichtig erscheinenden Daten festhalte. Wenn Sie mich bitte einen Augenblick entschuldigen wollen.«

Er stand auf, klopfte kurz mit den Fingerknöcheln auf die Tischplatte und ging hinaus. Dabei hielt er sich unnatürlich gerade, und Heinrichs stellte sich vor, wieviel Kraft ihn das in seinem Alter kosten mußte.

Auguste beobachtete Heinrichs erwartungsvoll, aber als er nichts sagte, meinte sie: »Hab' ich es Ihnen nicht gesagt? Ein

Prachtexemplar! Aber man muß ihm einiges nachsehen. Seit Jahren ganz schwer Rheuma. Manchmal weiß er nicht, wo er's vor Schmerzen noch suchen soll. Der war mal der König von Uedem – Geldadel, Schuhfabrik. Hier wäre er gerne Papst, aber da gibt es leider noch andere Anwärter, obwohl: weibliche Päpste gibt es ja nicht.«

Köster kam mit einem Packen roter und blauer Schnellhefter zurück und mit zwei dicken, in Leder gebundenen Tagebüchern. Sorgfältig richtete er alles auf dem Tisch in drei Stapeln aus, blätterte ab und an, während er sprach, und erstattete Bericht. Anders konnte man es nicht bezeichnen.

Schöningh habe am 23.10.89 seine Stelle angetreten und von Anfang an eine intime Beziehung mit der Altenpflegerin Johanna Tebest gehabt. Drei- bis viermal in der Woche sei die Dame in ihrer Pause zwischen 10 Uhr und 10 Uhr 45 zu einem »Schäferstündchen« in Schöninghs Hausmeisterwohnung verschwunden.

Am 12.7.91 habe Johanna Tebest den Pferdezüchter Jakob Heuvelmann geehelicht, aber bereits am Montag, den 2.9.91, habe er, Köster, den Hausmeister und die Altenpflegerin im Heizungskeller erwischt, und zwar in einer eindeutigen Situation.

»Und was hattest du im Heizungskeller verloren?« fragte Auguste frech.

Köster ignorierte sie einfach.

Am 6.9. hätten die Heuvelmann und Schöningh von 15 Uhr 10 bis 15 Uhr 22 den Aufzug blockiert; am 9.9. habe er beobachtet, wie beide um 9 Uhr 15 für mehr als eine Stunde in der Garage verschwunden seien. Noch eindeutiger sei die Situation am 16.9. gewesen, als ...

»Augenblick mal!« unterbrach ihn Heinrichs harsch. »Ich weiß nicht, warum Sie mir das alles erzählen. Das ist eine Privatsache, die nur Frau Heuvelmann und Herrn Schöningh angeht.«

Köster sah ihn beleidigt an. »Wenn Sie das so sehen ... Herr te Laak fand das jedenfalls hochinteressant. Er hat sich alles genau notiert.«

»Hm«, meinte Heinrichs nur und zog die Schnellhefter heran. »Darf ich?«

Köster nickte halbherzig.

Je länger Heinrichs blätterte, um so weniger konnte er es glauben: es gab eine Akte über jeden Heimbewohner. Name, Geburtsdatum, Personenbeschreibung, familiärer Hintergrund, Beruf, Details aus dem Leben, ein Charakterbild (!), Verhalten im Heim, Kontakte, Konflikte, Besucher, Krankheiten; bei Verstorbenen war das Sterbedatum vermerkt, die Todesursache und die Beerdigung beschrieben.

Aus dem roten Stapel suchte Heinrichs die Akte ›Heidingsfeld‹ heraus und fand unter ›Charakterbild‹: *selbstbezogen, arrogant, schwierig (Diva!), unsozial, rechthaberisch. Mitunter depressive Verstimmungen (leerer Blick), aber auch Hochgefühle (beginnende Persönlichkeitsspaltung?).*

»Hochinteressant«, schmeichelte Heinrichs. »Diese Unterlagen könnten uns eventuell entscheidend weiterhelfen. Dürfte ich die wohl mitnehmen?«

»Nein.«

»Liebe Güte, kannst du dich anstellen!« rief Auguste. »Da hast du dir nun die ganzen Jahre all die Arbeit gemacht. Freu dich doch, wenn sich jemand dafür interessiert.«

»Ich kann sie Ihnen auch gleich morgen wieder zurückbringen«, stieß Heinrichs sofort nach.

»Ich weiß nicht«, ließ Köster sich hofieren.

Heinrichs suchte verzweifelt nach einem Bonbon, aber es war nicht mehr nötig. Köster schob ihm die Akten rüber und packte nach kurzem Zögern sogar noch seine Tagebücher dazu.

»Aber wirklich nur bis morgen! Und es wäre freundlich,

wenn Sie mich über den Stand der Ermittlungen auf dem Laufenden hielten.«

Heinrichs nickte unbestimmt.

17

Schlag Viertel vor zwölf wurde es auf einmal lebendig; immer mehr alte Leute kamen in den Wintergarten, im Aufenthaltsraum wurden Tische gedeckt.

Heinrichs verabschiedete sich von Auguste Beykirch und den Kösters und machte sich auf die Suche nach Toppe. Er fand ihn in der Halle, vertieft in die Lektüre der Hausordnung.

»Sind wir für heute durch?«

»Hm, hm«, nickte Toppe. »Wir müssen nur noch auf Norbert warten.«

Mit einem Klingeln hielt der Aufzug neben ihnen, und Frau Herrweg kam herausgerollt.

»Machen Sie mir bitte Platz«, war alles, was sie ihnen zugedachte.

Van Appeldorn saß schon im Auto auf dem Beifahrersitz, hatte die Beine nach draußen gestreckt und rauchte eine Zigarette.

Heinrichs blieb auffordernd vor ihm stehen, doch van Appeldorn meinte nur: »Na, dann können wir ja endlich«, setzte sich bequem hin und knallte die Tür zu.

Mosernd quetschte sich Heinrichs auf die Rückbank. »Außerdem hab' ich Hunger.«

Toppe ließ den Wagen an. »Gibt's in Uedem ein Lokal, wo man um diese Zeit was zu Essen kriegt?«

»Weiß ich nicht«, antwortete van Appeldorn. »Ich hab' sowieso noch keinen Hunger.«

»Schon gut, hol' ich mir eben was aus der Kantine«, grummelte Heinrichs.

Keine halbe Stunde später stiegen sie die Treppe zum Büro hinauf. Heinrichs hatte van Appeldorn die Schnellhefter und Tagebücher in die Hände gedrückt; er selbst balancierte ein Tablett mit einem kalten Kotelett, zwei Frikadellen, zwei belegten Brötchen, einer Tasse Suppe und einem Stück Apfelkuchen. Toppe hielt die Türen auf.
»Warte doch, ich helfe dir«, rief er Astrid entgegen, die den PC über den Gang schleppte.
»Wo willst du denn hin damit? Mann, ist der schwer!«
»Ich ziehe um«, schnippte sie. »Ich hab' jetzt endgültig die Nase voll. Guckt doch mal in unser Büro.«
Van Appeldorn runzelte finster die Stirn und stieß mit Schwung die Bürotür auf. Es schepperte.
»Gottfried von Sachsen!« brüllte der Elektriker, der auf der obersten Sprosse einer Treppenleiter stand und sich gerade noch an der Deckenleuchte festhalten konnte. »Kannst du denn nicht aufpassen?«
»Was ist denn hier los?« bollerte van Appeldorn.
»Wieso?« glotzte der Elektriker blöde.
»Im Zuge der Renovierungsarbeiten kriegen wir heute neue Lampen«, zwitscherte Astrid und verdrehte die Augen. »Dreimal haben die mir schon den Saft abgedreht«, schimpfte sie. »Jedesmal fängt der Drucker an zu spinnen, und ich kann wieder von vorne anfangen. Mir reicht's!«
Toppe stützte den Computer an der Wand ab. »Und wohin jetzt mit diesem Ding? Ins Vernehmungszimmer?«
»Nein«, sagte Astrid nachdrücklich, »in Stasis Büro.«
Heinrichs gab einen dumpfen Laut von sich.
»Das können wir doch nicht machen!« meinte er erschrocken, aber van Appeldorn umfaßte Astrid mit einem

langen, zärtlichen Blick und schwang elegant den rechten Arm. »Nach Ihnen, Teuerste.«

Toppe setzte sich an die Spitze, und im Gänsemarsch zogen sie über den Flur. Heinrichs stapfte mit seinem Tablett hinterher. »Und was ist mit meinen ganzen Unterlagen?«

»Keine Sorge«, meinte Toppe aufgeräumt, »die holen wir alle noch rüber.«

Siegelkötters Büro war nicht größer als ihr eigenes, allerdings gab es hier nur einen Schreibtisch mit Ledersessel und obligatorischem Besucherstuhl – im Präsidium besser als »dat Sünderbänksken« bekannt – und eine zierliche Sitzgruppe.

Toppe stellte seine Last ächzend auf dem Sofa ab. »Und wo tun wir jetzt den Computer hin?«

Astrid sah sich unschlüssig im Zimmer um.

Van Appeldorns Augen leuchteten auf. »Stell mal dein Tablett ab, Walter, und hilf mir«, meinte er und zog Heinrichs mit hinaus.

Astrid ließ sich in den Chefsessel fallen, hängte die Arme über die Lehne und sah Toppe in die Augen. »Ich habe was ganz Tolles.«

»Das weiß ich«, grinste er.

Sie lachte. »Was Tolles herausgefunden, mein' ich doch. Ich lasse es nur noch eben für euch ausdrucken. Ihr werdet Augen machen!«

»Nicht so schnell, Mensch«, hörten sie Heinrichs auf dem Gang rufen. »Ich soll mich sowieso nicht mehr so anstrengen, das weißt du doch.«

Der Türrahmen knirschte bedrohlich, als die beiden den abgeschabten Schreibtisch durchzwängten, den man Astrid zugedacht hatte und der seit Tagen in ihrem Büro weiter vor sich hin alterte.

Van Appeldorn rückte ihn unters Fenster. »Bitte sehr, Frau Kollegin, Ihr Computerzentrum.«

Astrid griente und deutete eine Verbeugung an. »Verbindlichsten Dank.«

Ohne Zweifel war sie einige Zentimeter in van Appeldorns Achtung gestiegen.

Heinrichs hatte sich inzwischen von seinem Schrecken erholt und vertrieb Astrid aus dem Sessel.

»Ich als Aktenführer brauche einen anständigen Schreibtisch. Das seht ihr doch wohl ein«, feixte er und schob mit dem Arm Siegelkötters Habseligkeiten an den Tischrand. Ein silbergerahmtes Foto knallte auf den Boden. Heinrichs hob es auf und betrachtete es.

»Der Mensch kriegt das, was er verdient«, murmelte er und verstaute Frau Siegelkötters Porträt in einer Schublade.

Dann ging er, um wenigstens »die nötigsten Unterlagen« zu holen. Sie schleppten zu dritt.

»Wo willst du die Bücher hinhaben, Walter?«

»Links oben an die Ecke ... nein, das gehört doch hier vorne hin ... und das hier drunter«, dirigierte er und schaffte es in weniger als zehn Minuten, Siegelkötters polierte Schreibtischplatte bis auf den letzten Millimeter mit seinem Chaos zu überziehen.

Astrid frickelte am Computer herum. Mit einem hellen Sirren fing der Drucker an zu arbeiten.

»Wir haben keine Aschenbecher«, stellte Toppe fest. »Und keine Kaffeemaschine.«

»Bring doch auch meine Veilchen mit«, rief Astrid ihm nach. »Die gehen sonst ein.«

Aufs Sofa gelümmelt schlürfte Toppe seinen Kaffee. »Wann kommt der Alte eigentlich zurück?«

Astrid und van Appeldorn zuckten die Schultern.

»Walter!«

Heinrichs hatte sich vollkommen in Kösters Aufzeichnungen vertieft. »Nicht vor Dienstag«, nuschelte er. »Also ehrlich!

Hört euch bloß mal das hier an: Emil Wagner, Typ: nordisch mit leicht dinarischem Einschlag; einfaches bäuerliches Gemüt (s. auch unter ›ausgeübter Beruf‹); körperliche Konstitution: gut; chronische Erkrankungen: keine; naturverbunden, einnehmendes Wesen, jedoch Neigung zu charakterlicher Schwäche (s. unter ›A. Beykirch‹). Nachtrag: auffälliges Sexualverhalten, fragwürdige Moral.«

Astrid blieb der Mund offenstehen. »Was soll das denn sein?«

Heinrichs erzählte ihr, was er heute morgen so alles gehört hatte.

»Jetzt ist es erst mal gut«, protestierte Toppe und verließ seinen gemütlichen Sofaplatz. Sie hatten sich im Auto schon zahlreiche Auszüge aus den Kösterschen Papieren anhören müssen. Er klaubte eine Büroklammer vom Boden auf und lehnte sich an die Fensterbank. »Laßt uns mal versuchen, ein bißchen Ordnung in die ganze Sache zu bringen.«

Die heutigen Gespräche hatten nichts Wichtiges ergeben, und bis auf Dr. Grootens hatten sie alle Angestellten des Heims befragt. Die beiden Therapeuten wußten nichts von te Laak, interessierten sich sowieso nicht besonders für den Altenheimbetrieb, wie es schien. Sie hatten die Therapieräume mit dem Hallenbad von der Stiftung angemietet und nutzten sie hauptsächlich für Patienten von außerhalb: für Infarktgruppen, Uedemer Senioren, für Schwangerschaftsgymnastik und -schwimmen. Auch Toppes Unterhaltung mit der Köchin hatte nichts gebracht.

»Aber wir haben ja noch diese Aufzeichnungen vom Köster ...« meinte Heinrichs.

»Na und?« sagte van Appeldorn. »Die mögen ja einen gewissen kabarettistischen Wert haben, aber sonst sind die wohl kaum zu gebrauchen.«

»Ich weiß es nicht, ich hab' so das Gefühl ...«

»Steht da was über te Laak drin?« schnitt ihm van Appeldorn das Wort ab.

»Gefunden habe ich noch nichts, aber ich habe ja auch erst gerade angefangen zu sichten.«

Astrid stand immer noch neben dem Drucker, legte Papier ein und sortierte die fertigen Blätter.

»Das mit Frau Heuvelmann und dem Schöningh«, drehte sie sich zu Heinrichs um. »Wenn das stimmt, das wäre ein Ding!«

»So was kommt in den besten Familien vor«, brummte Heinrichs nur.

»Ja, ja, ich überlege nur die ganze Zeit, ob die überhaupt weiß, von wem sie schwanger ist.«

»Das interessiert uns doch gar nicht«, meinte van Appeldorn, »obwohl ...«

»Doch«, erwiderte Astrid. »Wir wissen ja nicht, was te Laak mit den Informationen von diesem Köster angefangen hat. Vielleicht hat er dem Schöningh ja gesagt, daß er Bescheid weiß, oder der Johanna Heuvelmann.«

»Eben«, murmelte Toppe und bog eine Büroklammer auseinander. »Wo man hinguckt herrliche Motive, te Laak unter die Erde zu bringen.«

Der Drucker spuckte ein Blatt aus und gab ein letztes schrilles Zirpen von sich.

»So«, sagte Astrid. »Von wegen Mordmotive. Jetzt kommt ein echter Hammer.«

Aber in diesem Moment wurde ganz leise die Tür aufgeschoben und in Höhe der Türklinke erschien Ackermanns Kopf.

»Ein echter Hammer«, bestätigte van Appeldorn.

»Wat macht ihr denn hier?« blinzelte Ackermann angestrengt durch seine dicke Brille und schlug sich dann mit der Hand auf den Mund. »Boa, wat sieht dat hier aus!«

»Gibt's einen besonderen Grund für deine Anwesenheit?« fragte van Appeldorn.

»Sicher doch, Norbert«, nickte Ackermann friedlich. »Ich war in euerm Altersheim. Et is' ja doch komisch, wa? Ich sach ja immer, alles hinter Uedem is' schon feindliches Ausland. Da hört ja der Niederrhein quasi auf. Ich weiß et nich', aber irgendwie is' dat ja schon 'n anderer Menschenschlach.«

Er ließ sich aufs Sofa plumpsen und fing an, sich eine Zigarette zu rollen. Den letzten Kick gab er ihr mit einem virtuosen einhändigen Dreh auf dem linken Oberschenkel. Ein paar Akten habe er »konfisziert« – »mühsam ernährt sich dat Eichhorn« –, und er wolle sie auch heute noch durcharbeiten.

»Die Holbe is' 'n harter Brocken, zugeknöpft wie 'ne Nonne. Aber dat hat man ja schon ma' leicht bei die Nordlichter. Die kommt aus Hamburg, wußtet ihr dat? Aber man hat ja so seine Tricks drauf mit den Jahren. Die hat da nämlich 'ne Tante zu wohnen. Ach, dat wißt ihr schon? Ja, Gott!«

Er hatte sich anscheinend lange mit Frau Herrweg unterhalten. »Interessiert euch dat überhaupt?«

Toppe bot ihm einen Kaffee an. Ackermann strahlte über das ganze Schratgesicht. »Milch habter wohl keine da? Na, macht nix. Schwarzer Kaffee soll ja schön machen. Also wat ich sagen wollt': die is' vielleicht wat rumgeschubst worden als Kind, die Holbe!«

Als Susanne Holbe neun Monate alt war, war ihre Mutter gestorben, und sie wurde zu den Großeltern gegeben. Dann hatte ihr Vater wieder geheiratet und das Kind zu sich genommen. Die Ehe scheiterte, und Susanne kam zu ihrer Tante nach Uedem. Dort blieb sie drei Jahre lang.

»Da war dat Haus Ley noch 'n Bauernhof, un' der Onkel hat auch noch gelebt. Dann hat der Vater noch mal geheiratet, 'ne Witwe mit drei Kindern. Susanne also wieder nach Hamburg zurück, erst bei dem Vater, dann innen Internat, wohl so 'n ganz heiliges, wie ich dat rausgehört hab'. Mehr so zwischen de Zeilen. Ihr kennt dat ja.«

»Worauf willst du eigentlich hinaus, Ackermann?« unterbrach ihn van Appeldorn.

»Wieso? Ihr wolltet et doch hören! Wenn ich 'ner Betruchssache nachgehe, dann muß ich mir doch ers' ma' ankucken, wer dat so is', der da betrücht.«

»Und da fängst du bei Adam und Eva an?«

»Du nich'?« staunte Ackermann.

Toppe wunderte sich, wie Ackermann es geschafft hatte, Frau Herrweg so viele Informationen zu entlocken.

»Och, ich weiß nich', die freut sich doch auch, wenn ma' einer kommt. Un' Dönekes erzählen tun die alle gern. Dat kennt man doch. Manchma' dauert et en bisken, aber dat macht doch nix. Gauw hät de Näkk gebrooke. Jedenfalls hat se angefangen zu studieren, die Holbe, mein' ich, Pharmazie. Hatte aber wohl irgendwann die Schnauze voll un' is' dann Vertreterin gewesen für Tabletten. Un' dann hat ihre Tante ihr den Job besorgt. Ja, so war dat.«

»Und? War das schon alles?« fragte van Appeldorn. »Was ist mit Männern? Was hat sie für Freunde? Lebt sie alleine? Was macht sie in ihrer Freizeit?«

»Die Tante sacht, die hätte wohl 'n Freund, aber den säh' se nur einma' im Jahr, für 'n paar Wochen. Der wohnt nämlich auf Mauritius. Dat wär' 'n Belgier, un' vielleich' wollt' se den auch ma' heiraten. Aber erzählen würd' se davon nich' viel. Se wär' sowieso mehr so 'n aparter Typ. Gibt et ja scho' ma'. Hier hat se wohl keinen Freund, und wohnen tut se alleine, bei uns inne Kavarinerstraße. Wat hatteste noch gefracht? Ah, ja, Hobbies. Die Tante sacht, se hätte 'n Händchen mit Blumen un' Garten un' so. Wie nennt man dat doch noch? Grünen Daumen, glaub' ich.«

18

Heinrichs stürzte sich auf sein Tablett, kaum daß Ackermann zur Tür raus war.

»Es stört euch doch nicht?« meinte er und betrachtete liebevoll sein Kotelett. »Ich hab' nämlich heute noch nicht mal gefrühstückt.«

»Mich stört's nicht«, antwortete Astrid und schaltete den Computer aus. »Also«, begann sie, »ich wußte die ganze Zeit, daß ich den Namen Grootens schon mal irgendwo gelesen hatte. Heute morgen bei Heuvelmanns ist es mir endlich wieder eingefallen. Die Sache ist vor vier Jahren passiert. Te Laak bekam damals einen Auftrag von den Eltern einer Drogenabhängigen aus Weeze, einer Familie Jansen. Sie behaupteten, Dr. Grootens aus Kalkar versorge ihre Tochter mit Drogen. Daraufhin hat te Laak sich hinter diesen Grootens geklemmt.«

»Und es handelt sich da um den Grootens aus dem Altenheim?« fragte van Appeldorn.

»Ja, das ist sicher.« Sie fischte ein Blatt aus ihren Papieren. »Dr. Martin Grootens, Neurologe, Jahrgang 41, Junggeselle. Hat bis 1985 im LKH in Bedburg gearbeitet und dann um einen Auflösungsvertrag gebeten. Te Laak hat hier in Klammern ›Kunstfehler‹ notiert. Danach hat Grootens sich als praktischer Arzt in Kalkar niedergelassen. Die Praxis lief wohl schlecht. Seit 1987 ist er in der Drogenszene bekannt und beliebt. Teilweise hat er ganz normal auf Rezept und gegen Krankenschein Betäubungsmittel verschrieben, aber das meiste Zeug hat er unter der Hand verkauft, hauptsächlich Morphine, Diazepam und so was. Die Drogen sind illegal in einem schwarzen Labor hergestellt worden. Und jetzt ratet mal, von wem!«

Heinrichs legte den abgenagten Kotelettknochen auf den Teller, leckte sich die Finger ab und sah Astrid gespannt an.

»Braun«, sagte Toppe.

»Genau«, bestätigte Astrid, »unser Apotheker.«

»Und was hat te Laak gemacht, nachdem er Bescheid wußte?«

»Tja, ich habe hier nur den Vermerk: DM 20.000 von Braun am 16. Mai; DM 20.000 von Grootens am 17. Mai; Übergabe an Jansen am 19. Mai.«

»Interessant«, meinte van Appeldorn, »die Eltern haben sich also mit Geld abspeisen lassen.«

»Und te Laak hat die Sache nicht angezeigt?« fragte Heinrichs. »Das ist ja wohl ein dickes Ei!«

»Nein, hat er nicht. Das habe ich vorhin überprüft.«

»Womit er sich eindeutig strafbar gemacht hat«, brummte Heinrichs und biß in seine Frikadelle.

Van Appeldorn griff nach einem Käsebrötchen und sah Heinrichs fragend an.

»Nur zu!«

»Auf jeden Fall«, kaute van Appeldorn und schluckte, »auf jeden Fall wissen wir jetzt, wie te Laak gearbeitet hat. Von wegen eigene Methoden, und Observieren wäre nicht sein Ding. Kann mir doch keiner erzählen, daß der nicht auch selbst kräftig abkassiert hat für sein Schweigen.«

Astrid gab Heinrichs die Papiere für seine Akten. »Dieses Labor scheint ja wohl noch immer zu laufen. Te Laak hat doch notiert, daß jeden Mittwoch nach Ladenschluß noch Kunden kommen.«

Van Appeldorn wischte sich die Hände an seiner Hose ab. »Na, ich weiß jedenfalls, wen ich gleich besuche.«

Toppe stieß sich vom Fensterbrett ab und fing an, im Zimmer hin und her zu gehen. Die anderen kannten seine »Gedankenwanderungen«; früher, als er noch einen Bart trug, pflegte er sich dabei einzelne Haare auszurupfen.

»Te Laak stirbt an einem Gift, das er am Samstag zwischen 13 und 15 Uhr zu sich nimmt«, fing er an zu sortieren. »Wir wissen nicht, wo er sich in dieser Zeit aufgehalten hat. Schöninghs Aussage weist lediglich darauf hin, daß er um ca. 14.30 Uhr in Uedem war. Wer hatte ein Motiv, te Laak aus dem Weg zu räumen?«

Heinrichs lachte. »Es werden ja stündlich mehr.«

»Da wäre erst mal Johanna Heuvelmann. Te Laak wußte von ihrem ›Techtelmechtel‹ mit Schöningh, und so wie wir ihn inzwischen kennen, könnte er sie mit seinem Wissen unter Druck gesetzt haben. Sie kriegte Angst, daß ihr Mann etwas erfuhr. Aus demselben Grund kommt auch Manfred Schöningh in Betracht.«

Astrid schüttelte zweifelnd den Kopf, sagte aber nichts.

»Dann haben wir da noch unseren Apotheker Braun. Er hat sich damals mit te Laak geeinigt und gedacht, die Sache wäre erledigt. Plötzlich taucht der aber vier Jahre später wieder auf. Wir wissen, daß te Laak dem Bruder versprochen hat, auf jeden Fall was für ihn rauszuschlagen. Jetzt wird mir auch klar, wieso der da so sicher war. Er hatte einen ordentlichen Trumpf in der Hand. Und schließlich ist da noch Dr. Grootens. Vielleicht hat Braun ihn verständigt, daß te Laak bei ihm aufgetaucht ist, und ihn mit der alten Geschichte erpreßt. Vielleicht hat te Laak dem Grootens ja auch einen Besuch abgestattet. Am Samstag nachmittag zum Beispiel. Und schließlich, wenn sich rausstellt, daß die 210.000 Mark von der Heidingsfeld in Uedem verschwunden sind, kommt auch Susanne Holbe in Frage. Sie oder ein anderer aus dem Stiftungsbeirat.«

»Ja, gut, aber was ist mit der Mordmethode?« wandte Heinrichs ein. »Wer konnte pulverisierten Knollenblätterpilz im Haus haben? Wer wußte, wie man den dosieren muß?«

»Theoretisch alle, Walter«, meinte Toppe ernst. »Ich weiß, du siehst das anders, und wir sollten das auch im Kopf behalten. Trotzdem: theoretisch kommt erst mal jeder von denen in Frage.«

»Ich weiß nicht, Helmut«, sagte Astrid. »Zu dem Schöningh

paßt Gift überhaupt nicht. Der würde schießen, allenfalls Bremsleitungen ansäbeln oder so was.«

»Was für ein Sumpf!« stöhnte van Appeldorn und stand auf. »Jetzt machen wir mal Nägel mit Köpfen. Ich fahr' los und statte Braun einen Besuch ab.«

»Warte«, hielt Toppe ihn zurück. »Du bist zu schnell. Wenn es dieses Labor wirklich noch gibt, muß einer vom ED mit. Oder bist du so fit in Chemie? Und ich glaube nicht, daß Braun uns einfach so rumstöbern läßt. Wir brauchen einen Durchsuchungsbeschluß. Hat Stein heute Dienst?«

Heinrichs hatte den Hörer schon in der Hand.

»Und ich«, beschloß Astrid, »ich werde jetzt Frau Heuvelmann – wie sagt man so schön? – mit der Wahrheit konfrontieren.«

»Sie soll hierher kommen«, sagte Toppe. »Und laß Walter dabei sein.«

Astrid lachte. »Das ist doch keine abgezockte Gangsterbraut. Die klappt sofort zusammen, glaub' mir.«

Aber Toppe blieb stur. »Außerdem ist es besser, wenn ihr Mann nicht dabei ist.«

Van Appeldorn grinste frech: »Du willst eine Ehe retten?« Toppe sah ihn nicht an; seine Lippen wurden ganz dünn.

Der alte Mann bekam kaum noch Luft. Seit Stunden wanderte er über die Leichenfelder von Stalingrad. Keinen Schritt, ohne daß er auf eine Hand trat, einem Kopf ausweichen mußte. Die Beine waren so schwer. Das Stöhnen der Sterbenden, die Schreie, der Gestank von Blut und Kot erfüllten die Luft. Wie konnte er atmen? Wieder griffen die Raben an. Er schlug wild um sich.

»Ganz ruhig, Herr Geurts. Es ist alles in Ordnung. So, jetzt wischen wir den Schweiß ab. Gleich wird es besser. So ...« sagte die Schwester sanft und drehte sich dann zu Frau Holbe um, die ihre wöchentliche Runde über die Pflegestation machte.

»Über vierzig Fieber, und der Tremor wird immer stärker.« Der Rabe schlug die Krallen in sein Handgelenk. »Der Puls ist flach.«

»Wir bleiben bei Baldrian«, sagte Susanne Holbe. »Sie haben ihm doch keine Barbiturate mehr gegeben?«

»Nein, schon seit gestern mittag nicht mehr, wie Sie gesagt haben. Er halluziniert.«

Susanne Holbe nickte. »Ich habe heute morgen noch mit Grootens gesprochen. Er hält es für besser so.«

Der alte Mann vertrieb die Raben, indem er wild mit den Armen ruderte. Für einen Moment schlug er die Augen auf und erkannte die Hausdame. Sie lächelte und streichelte seine Hand.

Gott stand im Zimmer. Er war gekommen.

»Ich bin da, Otto. Wir gehen gemeinsam.« Mit seiner schlanken Hand wies er auf das Kristallschloß am Ende des Regenbogens.

Welch wundervolle Wärme und was für ein Licht! Heller als hell und so sanft.

»Komm, Otto, nimm meine Hand. Du hast es geschafft. Heute mußt du nicht in deinen Körper zurück.«

»Schnappatmung«, sagte die Schwester.

Susanne Holbe nickte wieder. »Ein paar Stunden höchstens noch. Bleiben Sie bei ihm. Ich sage kurz meiner Tante Bescheid, daß ich heute keine Zeit habe, dann löse ich Sie ab. Wir wollen ihn nicht allein lassen.«

»Neues Hauptquartier«, stellte van Gemmern fest, und man ahnte ein Lächeln.

Er würde sie zu Braun begleiten und ließ sich schweigend erzählen, um was es ging.

»Alles klar«, meinte er schließlich. »Ich wollte übrigens sowieso gerade zu euch. Wir haben nämlich gestern te Laaks Auto auf den Kopf gestellt. Hier ist der Bericht. Ich finde das Ergebnis nicht besonders vielversprechend, aber nun gut.«

Heinrichs überflog das Papier.

Van Gemmern zog ein Foto aus der Tasche. »Und ein Bild vom Mauritiushanf habe ich auch aufgetrieben.«

Van Appeldorn und Toppe beugten sich über das Foto.

»Ach, guck mal an«, pfiff van Appeldorn. »Das Ding kennen wir doch; bloß eine Nummer kleiner.«

»Hm, hm«, bestätigte Toppe. »Steht gleich am Eingang vom Wintergarten.«

»Dann hat Schöningh die Wahrheit gesagt!« rief Astrid. »Te Laak war am Samstag im Haus Ley.«

»Ja, ja«, meinte Toppe beschwichtigend. »Gegen halb drei jedenfalls. Laßt uns losfahren. Den Durchsuchungsbeschluß können wir auf dem Weg an der Burg abholen.«

Heinrichs warf einen nachdenklichen Blick auf das Foto. Dann drehte er sich abrupt um, ging zum Schreibtisch zurück, zog ein paar Bücher aus den Stapeln und begann, wild hin und her zu blättern. Dabei murmelte er Lateinisches vor sich hin.

»Ich Rindvieh«, bollerte er. »Da wäre mir doch beinahe was durch gegangen.«

Er strahlte zufrieden in die Runde. »Also, ich muß morgen auf jeden Fall noch mal nach Uedem!«

19

Van Gemmern zog die Gummihandschuhe aus, sah zu Toppe hinüber und zeigte mit dem Daumen nach unten. Toppe nickte nur. Georg Brauns Labor war sauber.

An die Wand gelehnt, die Beine locker gekreuzt, stand der

Apotheker mit van Appeldorn auf dem Kellergang und wartete. Der Durchsuchungsbeschluß, mit dem sie ihn aus seiner Mittagsruhe geklingelt hatten, war ihm lediglich ein Achselzucken wert gewesen. Gnädig hatte er sich bereit erklärt, sie zur Apotheke zu begleiten, hatte sie in den Keller geführt und ihnen gezeigt, wo er Salben rührte und Pülverchen mischte. Keine ihrer Fragen brachte ihn aus der Ruhe. Er antwortete selbstbewußt mit präzisen Formulierungen, ließ sie gleichzeitig Herablassung spüren. Bedauerlich, daß er doch kein Alibi habe, aber leider nicht zu ändern. Natürlich kenne er Dr. Grootens; sie spielten seit Jahren Golf miteinander, und man träfe sich gelegentlich auch privat. Martin Grootens und Drogen? Einfach lächerlich! Über te Laak habe er doch schon beim letzten Mal alles gesagt, was er wisse. Er habe den Mann zum ersten Mal in seinem Leben gesehen, als der im Auftrag seines Bruders zu ihm gekommen sei. Vorher habe er nicht einmal gewußt, daß es in Kleve eine Privatdetektei gäbe. Knollenblätterpilz? Da sei ihm nicht einmal eine homöopathische Anwendung bekannt.

Er blieb distanziert, verlor kein Wort zuviel, bemühte sich nicht ein einziges Mal um ein Lächeln, eine freundliche Bemerkung.

Van Gemmern griff sich seine schwarze Tasche und ging wortlos an van Appeldorn und dem Apotheker vorbei nach oben. Braun stieß sich von der Wand ab.

»War das jetzt alles?«

»Für heute ja«, sagte Toppe und wandte sich zur Treppe. »Auf Wiedersehen.«

Braun nickte nur kühl und schloß die Tür zum Labor ab.

Die drei Polizisten gingen den Gerwin hinunter zur Stadthalle, wo Toppe seinen Wagen geparkt hatte.

»Bemerkenswert ist höchstens, wie aufgeräumt das Labor war«, murmelte van Gemmern.

»Wir können dem gar nichts«, sagte Toppe. »Solange wir

nicht mit Grootens und dieser Familie Jansen gesprochen haben jedenfalls.«

»Wir können ihm die Drogenjungs auf die Bude schicken«, meinte van Appeldorn böse.

»Und?« fragte Toppe. »Was haben wir davon?«

Astrid und Heinrichs waren nicht da, aber an Stasis edler Schreibtischlampe klebte eine Nachricht. *Helmut! Bitte Deine Frau zurückrufen. Astrid.*

Gabis Stimme klang so alltäglich wie früher. »Könnten die Kinder wohl heute bei dir übernachten?«

»Ja, sicher, kein Problem.«

»Ich habe nämlich eine Einladung ins Kabarett, und da wird es sicher spät. Ich will die Jungs nicht alleine lassen, und meine Mutter hat im Moment genug um die Ohren.«

»Wieso? Ist was passiert?«

»Ja, Papa hatte einen leichten Schlaganfall.«

»Liegt er im Krankenhaus?«

»Nein, nein, er ist zu Hause, aber Mutti muß die ganze Zeit dabei bleiben.«

Toppe fiel nichts ein.

»Mist«, sagte er schließlich. »Ich kann so Viertel nach sechs, halb sieben zu Hause sein. Reicht das?«

»Viertel nach sechs wäre besser.«

»Okay, sie sollen ihre Schlafsäcke und unsere Luftmatratzen mitbringen.«

»Prima, danke! Ich hole sie dann morgen früh ab.«

»Komm doch zum Frühstück«, sagte er, ohne lange zu überlegen.

»Mal gucken«, meinte sie nur.

Er konnte es sich nicht verkneifen: »Mit wem gehst du eigentlich aus?«

»Mit meiner Chefin und zwei Arztkollegen.« Er hörte, daß sie lächelte. »Aber eigentlich geht dich das gar nichts an.«

»Stimmt.«

Sie verabschiedeten sich wie zwei alte Bekannte.

Zwei Kollegen, dachte er. Für jede einen.

Johanna Heuvelmann setzte sich auf die Stuhlkante, legte ihre Handtasche in den Schoß und sah sich beklommen im grauen Vernehmungszimmer um.

Heinrichs war ungewöhnlich reserviert, richtete das Mikrofon aus, machte eine Sprechprobe. Frau Heuvelmann mußte sich zweimal räuspern, bis ihre Stimme Ton bekam.

Astrid legte ihren Zettel mit den Fragen vor sich auf den Tisch, lächelte Frau Heuvelmann beruhigend zu, schlug die Beine übereinander und fing an. Schon bei der Aufnahme der Personalien begann Johanna Heuvelmann zu schluchzen, und Heinrichs zückte seinen Block, um sicherheitshalber Notizen zu machen; die Aufnahmequalität würde miserabel sein.

»Wir wissen, daß Sie immer noch ein Verhältnis mit Manfred Schöningh haben.«

»Ich liebe meinen Mann«, weinte Johanna laut. »Ich liebe ihn über alles.«

Astrid wartete, bis sie sich die Tränen abgewischt hatte.

»Ich komme nicht los von Manfred. Ich schaff' es einfach nicht! Dabei hat er immer ... früher, als wir noch fest zusammen gingen ... er hat immer noch andere gehabt. Aber ich schaffe es nicht ... wir schaffen es beide nicht ... er auch nicht ... er ist ...« Das Stammeln war nicht mehr zu verstehen. Sie schnaubte sich die Nase. »Und dann hab' ich Jakob geheiratet ... ich hab' gedacht, ich wär' geheilt, aber Manfred läßt mich ... er ist immer da ... er braucht mich auch ... ich ...«

»Und Ihr Kind?« fragte Astrid. »Wer ist der Vater?«

Heinrichs schaltete das Bandgerät ab. Es dauerte gute fünf Minuten, bis Johanna Heuvelmann wieder sprechen konnte.

»Ich weiß es nicht. Es macht mich ganz krank.« Sie starrte das Mikrofon an. »Jakob tut sich was an«, flüsterte sie.

»Von uns wird ihr Mann es nicht erfahren«, sagte Astrid. »Te Laak hat also gewußt, daß Sie noch immer ein Verhältnis mit Schöningh haben?«

»Der Detektiv? Nein, wieso? Was hat der damit zu tun?« Ihre Verwunderung war nicht gespielt.

»Jemand hat te Laak von Ihrer Beziehung erzählt.«

»Das kann doch nicht sein! Das weiß doch keiner!« rief sie panisch. »Wir haben doch immer aufgepaßt.«

Heinrichs fühlte sich abgestoßen. »Bis daß der Tod euch scheidet«; das Gelübde war ihm heilig, und er hatte so lange mit dem Heiraten gewartet, bis er sicher war, die Richtige gefunden zu haben. »In guten wie in schlechten Tagen« fühlte er sich in seiner Ehe geborgen.

»Ich möchte jetzt noch einmal auf Ihre beiden Pferde kommen«, machte Astrid weiter. »Was ist denn an den Abenden nun wirklich passiert?«

Johannas Augen füllten sich wieder mit Tränen. »Es war Manfred«, sagte sie tonlos.

»Waren Sie dabei?«

»Nein!« rief sie.

»Aber Sie haben ihn beobachtet.«

»Nicht, als er es getan hat. Ich weiß, daß er es war. Er war nicht bei mir in der Küche, er war im Stall. Außerdem«, fügte sie leise hinzu, »habe ich den Fäustling in seiner Parkatasche gesehen.«

Jetzt kamen Astrids Fragen wie aus der Pistole geschossen, und Johanna Heuvelmann blieb keine Zeit mehr für Tränen.

»Wie sah der Parka aus?«

»Dunkelblau.«

»Hat Schöningh den zu einem späteren Zeitpunkt noch mal getragen?«

»Ja, er hat den eigentlich immer an.«

»Welche Kleidung trug er sonst noch, als er die Pferde tötete?«

»Das weiß ich nicht mehr so genau.«

»Versuchen Sie sich zu erinnern!«

»Auf alle Fälle blaue Jeans und die braunen hohen Schuhe. Aber ich weiß nicht mehr, welchen Pullover.«

»Warum haben Sie geschwiegen?«

»Wenn ich es Jakob gesagt hätte, wär' doch alles aus gewesen. Manfred hätte doch alles erzählt.«

»Hat Schöningh Sie unter Druck gesetzt?«

»Nein, wir haben nie darüber geredet.«

»Das gibt's doch nicht!«

»Doch ...«

»Hat Schöningh mit te Laak gesprochen?«

»Ja.«

»Hat te Laak ihm gesagt, daß er über Sie beide Bescheid wußte?«

»Weiß ich nicht.«

»Warum hat Schöningh die Pferde getötet?«

»Es waren doch seine Tiere ... ich war seine Freundin. Er hat alles verloren, das wissen Sie doch.«

»Schöningh haßt also Ihren Mann.«

»Nein!«

»Warum hat er ihm dann einen solchen Schaden zugefügt?«

»Er ist so.«

»Haben Sie Angst vor Manfred Schöningh?«

»Nein.«

»Die Pferde sind brutal niedergemetzelt worden.«

»Ja.«

»Ist Schöningh ein brutaler Mensch?«

»Nein ... ich weiß nicht.«

»Hat er sie schon mal geschlagen oder anders mißhandelt?«

Sie schwieg; blutrot im Gesicht sah sie auf ihre Handtasche im Schoß.

»Nein«, flüsterte sie schließlich.
»Frau Heuvelmann«, drängte Astrid.
»Nicht so, wie Sie meinen ...«
»Was bedeutet das?«
»Im Bett wohl ...«
»Ach ja?« fragte Astrid.
»Weil ich es wollte«, druckste Johanna.
»Das heißt im Klartext?«
Johanna Heuvelmann zog die Augen zu Schlitzen zusammen und sah Astrid ins Gesicht. »Das bedeutet, ich bin eine kleine Schlampe, die gerne ein bißchen gezüchtigt wird. Ist das klar genug?«
»Durchaus. Und Manfred Schöningh züchtigt gern kleine Schlampen?«
»Ja.«
»Liebt Ihr Mann diese Spiele auch?«
»Nein.«

»Machen wir's auf die fiese Tour?« fragte van Appeldorn.
»Was?« Toppe sah von seinem Bericht auf.
Van Appeldorn grinste schräg über das ganze Gesicht. »Ich meine, überfallen wir Grootens gleich morgen früh um acht, du und ich, unangekündigt?«
Toppe sah ihn lange an, seufzte dann, griff zum Telefon und wählte seine alte Nummer. Es war ihm klar, was jetzt kam. Die Litanei konnte er singen ohne Vorlage, das ewig alte Thema: der Beruf ist dir wichtiger als wir.
»Du, Gabi, Helmut hier. Ich ... es hat sich da was ergeben, also, ich muß morgen schon um acht eine Vernehmung machen.«
Sie lachte. »Das kriegen wir schon irgendwie hin, oder? Ich meine, die Jungs können ja ausschlafen und sich dann bei mir melden. Komm doch zum Mittagessen zu uns. Schaffst du es bis um eins?«

»Bestimmt.« Toppe verabschiedete sich und saß eine Weile grübelnd da.

»Eigentlich ist das schwachsinnig, Norbert, den Grootens morgen aus dem Bett zu klingeln«, meinte er schließlich. »Wir haben doch überhaupt nichts gegen den in der Hand. Te Laaks Aufzeichnungen, das ist alles. Wenn er gescheit ist, läßt er uns gar nicht erst ins Haus.«

»Na ja, vielleicht hast du recht«, sagte van Appeldorn. »Braun hat den sicher längst gewarnt. Wir sollten sofort die Drogenjungs einschalten.«

»Ja, und statt zu Grootens zu fahren, besuchen wir lieber diese Jansens in Weeze. Schließlich waren die ja auch te Laaks Auftraggeber.«

20

Astrid brachte die völlig verheulte, aufgescheuchte Johanna Heuvelmann zur Tür und sah ihr nach, wie sie zögerlich den Flur entlangging.

»Tja.«

»Tja«, echote Heinrichs und spulte das Band zurück. »Der Tag ist wohl noch nicht zu Ende.«

Astrid reckte sich. »Sieht nicht so aus. Kommen Sie mit zu Schöningh?«

»Eigentlich wollte ich ja sowieso noch mal ins Altenheim, aber ich müßte erst meine Frau anrufen und gucken, wie zu Hause die Aktien stehen.«

Während er telefonierte, ging Astrid in Siegelkötters Büro, um zu sehen, wer vom Erkennungsdienst heute Rufbereitschaft hatte.

Van Appeldorn saß an der Schreibmaschine.

»Ist Helmut schon gegangen?«

»Hm«, nickte er, ohne den Blick von seinem Bericht zu nehmen. »Mußte sich um seine Kinder kümmern.«

»Ihr habt euch doch heute morgen auch einen Durchsuchungsbeschluß besorgt. Welcher Richter hat denn Dienst?«

»Knickrehm.«

»Fein«, meinte Astrid und hängte sich ans Telefon.

Als zweiten rief sie Berns an. Sie nahm ihren ganzen Charme zusammen, aber es war gar nicht nötig; Berns war aufgeräumt und ausgesprochen hilfsbereit.

»Blutspuren in Kleidung? Keine große Sache. Die Benzidinprobe krieg' ich auch im mobilen Labor in ein paar Minuten hin. Warum ist es denn so eilig?«

»Wenn sich mein Verdacht bestätigt, will ich diesen Typen gleich mitnehmen.«

»Aha«, brummte Berns, »Verdunklungsgefahr.«

»Könnte sein«, antwortete Astrid und nickte Heinrichs zu, der gerade hereinkam und den Daumen nach oben streckte.

»Außerdem«, fuhr sie fort, »müßte ich wissen, ob es sich um menschliches oder tierisches Blut handelt.«

»Alles zu machen«, sagte Berns. »Dauert allerdings ein paar Stündchen.«

Astrid seufzte.

»Außer natürlich, Sie wissen, um welches Tier es geht.«

»Klar, um ein Pferd.«

»Prima, dann kann ich das ganz fix vor Ort abklären. Überhaupt kein Problem. Ich komme sofort. Bis gleich!«

Heinrichs goß sich einen koffeinfreien Kaffee auf. »Denken Sie, der Schöningh haut ab, wenn er mitkriegt, was läuft?«

Astrid zuckte die Achseln. »Weiß nicht, könnte aber gut sein.«

»Dann sollten wir vielleicht lieber zwei grüne Kollegen mitnehmen, vorsichtshalber.«

»Ist das nicht ein bißchen viel Tamtam?«

Heinrichs nahm einen Schluck aus seiner Tasse. »Den alten Leutchen wird's gefallen«, lächelte er.

Gleich hinter Uedem hörte die Straßenbeleuchtung auf, und sie rollten durch die stockfinstere Nacht: Vorneweg der Streifenwagen mit Flintrop und Look, dann Heinrichs und Astrid in ihrem Golf, dahinter Berns im feuerroten Vampiromobil.

Als sie in den Privatweg zum Haus Ley einbogen, schaltete Flintrop Blaulicht und Martinshorn ein und gab Gas.

Astrid fluchte. »Wenigstens die Tröte könnte er weglassen, der Spinner!«

Auf dem Vorplatz bremste Flintrop so scharf, daß der Kies aufspritzte. Noch bevor sie ihren Wagen zum Stehen brachte, waren die beiden Beamten aus dem Auto gesprungen und rannten zur ehemaligen Scheune hinüber.

»Oh, mein Gott«, stöhnte Astrid und legte die Hand über die Augen.

Heinrichs stieg aus, ging zum Streifenwagen und schaltete den Motor und das Horn ab. Nur das Blaulicht drehte sich noch.

An den Scheiben des prunkvoll erleuchteten Wintergartens drängten sich die alten Menschen zusammen und sahen teils ängstlich, teils neugierig hinaus.

Berns hatte seinen Transit an der Scheune abgestellt, schob jetzt die Seitentür auf und verschwand im Labor.

Astrid schaute hoch zu Schöninghs Wohnung. Als das Blaulicht die Fenster streifte, sah sie ihn dort stehen, die Hände in den Hosentaschen.

Die Tür des Altenheims wurde aufgerissen, und die Köchin kam rausgelaufen. »Was ist denn hier los?« schrie sie Heinrichs an, drehte sich dann aber gleich wieder um und rief ins Haus: »Ruf' sofort Frau Holbe an!«

Heinrichs ging auf sie zu. »Das ist nicht nötig«, sagte er beschwichtigend und dann leise zu Astrid: »Ich erledige das schon. Kümmern Sie sich um Schöningh.«

Neben der Freitreppe parkte ein orangefarbener Kadett. »Das ist doch Ackermanns Wagen«, murmelte Astrid.

Jemand schob die Tür am Wintergarten auf, und ein paar »Gäste« traten zögernd auf die Terrasse hinaus. Heinrichs ließ die Köchin stehen und ging zu ihnen hinüber. Astrid konnte nicht verstehen, was er sagte, aber er schaffte es, sie wieder mit zurück ins Haus zu nehmen.

Endlich kam Berns aus dem Transit geklettert.

»Alles vorbereitet.« Er rieb sich die Hände. »Kann losgehen. Wo sind denn nu' die Klamotten?«

Astrid zeigte zu Schöningh hoch, der jetzt eine Hand aus der Hosentasche zog und ihr lachend zuwinkte.

Flintrop bewachte immer noch die Eingangstür, Look war allerdings nirgends zu entdecken.

»Der sichert den Hintereingang«, wisperte Flintrop.

Schöningh erwartete sie am Kopf der engen Holzstiege. »Wie komme ich denn zu dieser Ehre?« streckte er Astrid die Hand entgegen, aber die hielt sich nicht lange mit Floskeln auf, schob ihm stattdessen den Durchsuchungsbeschluß unter die Nase, knallte ihm den Spruch über seine Rechte um die Ohren und drängte sich an ihm vorbei in die Wohnung. Schöningh sah ihr verblüfft nach, las dann den Beschluß durch, schüttelte ein paarmal den Kopf, lehnte sich schließlich lässig neben Flintrop an den Türpfosten und schaute schweigend zu, wie Astrid und Berns ins Schlafzimmer gingen und anfingen, seinen Schrank, die Kommode und das Bett zu durchwühlen.

Mehrere Paar Jeans über dem Arm, kam Astrid zurück in die Diele. »Wo haben Sie Ihre Mäntel und Ihre Schuhe?«

Schöningh zog einen Spottmund. »Wie war das doch noch mit meinen Rechten?«

Astrid machte eine wegwerfende Handbewegung und ging in die Küche. »Wir finden die Sachen sowieso.«

»Frigide Zicke«, zischte ihr Schöningh hinterher.

Klar, dachte Astrid, kleine Schlampen sind ihm lieber.

»Noch einen Ton«, kam es von der Wohnungstür, »und du bist wegen Beleidigung dran.«

Es war van Appeldorn. Astrid spürte, wie ihr die Hitze ins Gesicht stieg.

»Was soll das?« fuhr sie ihn an, so leise es ging. »Glauben Sie etwa, ich kann das hier nicht alleine? Trauen Sie mir das nicht zu?«

»Quatsch! Reine Neugier«, antwortete van Appeldorn.

Der Parka hing an einem Haken hinter der Küchentür, die braunen Schuhe fanden sie in der Besenkammer, und Berns verschwand mit der Beute im Vampiromobil.

Astrid ließ Flintrop und van Appeldorn bei Schöningh stehen und ging nach draußen. Irgendjemand hatte endlich das Blaulicht ausgeschaltet. Sie zündete sich eine Zigarette an, setzte sich auf die Kühlerhaube vom Streifenwagen und wartete. Ackermanns Auto stand immer noch da. Wenn der seine samstägliche Männerrunde sausen ließ, mußte er hier wohl auf was Interessantes gestoßen sein. Aber vielleicht legte er ja nur Patiencen mit irgendeiner Oma. Auch das war ihm zuzutrauen.

Sie hörte Berns rufen und lief schnell zum mobilen Labor.

»Pferdeblut und Pferdehaare in der Parkatasche rechts«, teilte Berns ihr mit. »Reicht das, oder muß ich mir die anderen Kleider auch sofort vornehmen?«

»Das reicht vollkommen«, strahlte sie und setzte dann ihr süßestes Mädchengesicht auf. »Herr Berns ...«

»Schon kapiert«, brummelte er. »Ich mach's heute noch. Aber nur ausnahmsweise und weil Sie es sind. Erzählen Sie das bloß keinem weiter!«

Ein paar Minuten später waren sie wieder unterwegs nach

Kleve, ein Wagen mehr in der Kolonne. Van Appeldorn hatte den widerstrebenden Heinrichs, der eine pralle Plastiktüte unter dem Arm trug, aus dem Altenheim geholt und ihn zusammen mit Schöningh in sein Auto verfrachtet. Astrid fuhr allein in ihrem Golf und versuchte angestrengt, ihren Ärger runterzuschlucken und sich stattdessen auf die bevorstehende Vernehmung zu konzentrieren.

Zwanzig vor drei, und sie wälzte sich immer noch in ihrem Bett herum. Schöninghs Sätze geisterten durch ihren Kopf.
»Diese perverse alte Kuh! Das hängt die mir nicht an! Die hat doch selber die Tiere abgemurkst und mir dann den Hammer in die Tasche geschmuggelt.«
Seine ganzen detaillierten widerwärtigen Schilderungen ihrer »Zusammenkünfte«, sein Geseim, er, das arme Opfer dieser »kranken« Frau, die ihn nicht in Ruhe ließ, von ihm abhängig war; er, der treue Freund, der es nicht übers Herz brachte, Jakob Heuvelmann »die Wahrheit über die Lady« zu sagen.

Astrid stand auf, ging ins Bad und ließ sich kaltes Wasser über die Handgelenke laufen. Wenn sie jetzt nicht endlich schlief, kriegte sie morgen früh überhaupt nichts auf die Reihe.

Van Appeldorn war die ganze Zeit bei der Vernehmung dabei gewesen, hatte sich aber rausgehalten. Was war ihm auch anderes übrig geblieben? Er kannte ja nur die Eckdaten der ganzen Geschichte. Aber als sie Schöningh schließlich in die Zelle schicken mußte, hatte er sie mal wieder angemacht. »Eines Tages bricht Ihnen Ihre Vernehmungstaktik noch mal den Hals.«
»Wieso?«
»Lauter unzulässige Suggestivfragen.«
»Ich fahre ganz gut damit.«
»Glück! Irgendwann taucht mal der richtige Anwalt auf, und der fetzt Ihnen Ihre Vernehmung nur so auseinander. Au-

ßerdem, von wegen ganz gut damit fahren: was haben Sie denn heute erreicht?«

»Sie meinen, da müssen harte Männer ran, wie?«

»Wenn Ihnen die Formulierung gefällt...«

Sie hätte ihn erschlagen können, wie er da saß in seiner dämlichen ungerührten Art und sie angrinste.

»Ich werde die Vernehmung morgen ohne Sie führen. Schließlich ist es mein Fall!«

»Ihr Fall?« hatte er die Stirn gerunzelt und war dann mit einem »Ich habe morgen sowieso keine Zeit« einfach gegangen.

Sie legte sich wieder ins Bett und zog die Decke übers Ohr. Den Fäustling konnte Johanna Schöningh tatsächlich in die Tasche gesteckt haben. Es konnte überhaupt alles so gelaufen sein, wie Schöningh es beschrieben hatte. Wenn er bei seiner Aussage blieb und sie den verdammten Hammer nicht auftrieben... Berns mußte einfach noch andere Spuren an der Kleidung finden!

Familie Jansen wohnte in einem runtergekommenen Reihenhaus am Ortsrand von Weeze. Toppe und van Appeldorn platzten mitten ins magere Sonntagsfrühstück: Kaffee, Graubrot, Margarine, Gelee. Das Ehepaar wies ihnen zwei schmierige Küchenstühle zu, bot aber keinen Kaffee an. Sie waren beide um die Fünfzig, wirkten ungepflegt und mitgenommen. Die Frau sah aus, als ob sie seit Jahren trank. Beide sprachen in einem stumpfen Jammerton. Das Elend mit ihrer Tochter, ihrem einzigen Kind; zwei Therapien, beide ohne Erfolg. Jetzt sei sie schon seit Monaten verschwunden, in Amsterdam wohl, wenn sie überhaupt noch lebte. Vor Jahren da hätten sie noch Hoffnung gehabt, deshalb hätten sie te Laak eingeschaltet, da wären sie ja auch noch flüssig gewesen.

»Woher wußten Sie, daß Dr. Grootens illegal Drogen verteilt hat?« fragte Toppe.

»Von unserer Tochter«, antwortete der Mann. »Aber dat hätten wir wissen müssen. Die lügen doch alle wie gedruckt.«

»Sie meinen, Ihre Tochter hat sich das aus den Fingern gesogen? Warum sollte sie das tun?«

»Wat weiß ich«, brummte der Mann.

»Dat hat doch der Detektiv rausgekriegt«, rief die Frau. »Un' dann haben wir Dr. Grootens ja auch selbs' kennengelernt. Ein feiner Mensch, hat uns sehr geholfen.«

»Geholfen?« fragte van Appeldorn gedehnt. »Inwiefern?«

»Immer Zeit für uns«, sagte der Mann. »Hat gemeint, et könnte doch noch wat werden mit Renate.«

»Sie wollen mir also erzählen, daß das die einzige Hilfe war, die Grootens Ihnen hat zukommen lassen?« schnaubte van Appeldorn.

»Wat meinen Sie bloß?« fragte die Frau leidvoll.

»Ich glaube Ihnen kein Wort«, schnauzte van Appeldorn sie an.

»In te Laaks Unterlagen haben wir den Hinweis gefunden, daß Dr. Grootens Ihnen Geld gegeben hat, damit Sie den Mund halten«, erklärte Toppe.

»Geld?« riefen die beiden einstimmig. »Wat denn für 'n Geld?«

»Wovon haben Sie die Therapien bezahlt?« schoß van Appeldorn.

»Irgendwie zusammengekratzt«, antwortete die Frau. »Und von der Kasse natürlich.«

»Ich hab' dat Auto verkauft«, sagte der Mann.

Es ging noch eine ganze Weile hin und her, aber die beiden blieben dabei, daß te Laaks Ermittlungen nur gezeigt hätten, was für ein verlogenes Stück ihre Tochter sei. Einen Detektiv hätten sie beauftragt, weil die Sache nicht an die große Glocke sollte. »Wir machen hier schon genuch mit, dat können Sie glauben.«

»Ich muß mir erst mal irgendwo die Hände waschen«, meinte Toppe, als sie wieder im Auto saßen und auf dem Rückweg waren.

Van Appeldorn überquerte die Kreuzung am Gocher Ring bei Dunkelgelb. »Grootens und Braun bleiben auf jeden Fall auf der Verdächtigenliste«, knurrte er. »Und wenn die Jungs von der Drogenfahndung sich unter den Junks umtun, dann wollen wir doch mal sehen!«

»Reg dich doch nicht auf«, lachte Toppe. »Auf Grootens bin ich gespannt. Den hab' ich sowieso für morgen auf meiner Liste der Leute, die te Laak im Haus Ley getroffen haben könnte.«

Astrid hantierte an der Kaffeemaschine, als sie hereinkamen, ließ aber sofort alles stehen und liegen und lief zum Schreibtisch.

»Schöningh hat gestanden!«

»Wie das?« fragte van Appeldorn, ehrlich überrascht.

Sie hielt ihm Berns' Bericht hin. Auf den Schuhen hatte er Spuren von Pferdeblut gefunden, nur nachlässig abgewischt. An einem Pullover und an einer Jeans, die Schöningh noch nicht einmal gewaschen hatte, gab es erhebliche Mengen von Spritzblut; der Einfallswinkel kam genau hin.

»Mich würde ja interessieren, was er dazu gesagt hat«, feixte van Appeldorn.

»Können Sie sich gerne anhören, ist alles auf Band.«

»Dann lassen Sie mal laufen.«

Toppe sah ungeduldig auf die Uhr. »Tut mir leid, aber ich muß leider dringend weg.«

Astrid sah ihn nicht an.

»Ich melde mich später noch bei dir, ja?« sagte er trotzdem und ging.

21

Am Sonntag nachmittag ließen fast alle den lieben Gott einen guten Mann sein. Nur Ackermann saß über den Akten, die er im Haus Ley beschlagnahmt hatte, und arbeitete sie, unterstützt vom leisen Gedudel aus seinem alten Kofferradio und mehreren Flaschen Bier, bis weit nach Mitternacht durch. Der Schachclub ›Springer Kranenburg‹ mußte heute leider auf seinen Spitzenspieler verzichten.

Heinrichs hatte seiner Frau das Frühstück ans Bett serviert, ihr skeptisches »Willst du sie wirklich alle vier mitnehmen?« mit einem gelassenen Grinsen quittiert, seine Kinder ins Auto gepackt und war fröhlich mit ihnen zum Nibelungenbad nach Xanten gefahren. In der Umkleidekabine kamen ihm erste Zweifel, ob er dem Unterfangen gewachsen war. Seine Sprößlinge kloppten sich erst kreischend um die Handtücher, dann fahndeten sie fünf Minuten lang nach Martins linkem Schuh, der wundersamer Weise auf diesen zwei Quadratmetern ›Mutter-und-Kind-Umkleide‹ verschwunden war. Als Heinrichs endlich dazu kam, sich selbst umzuziehen, paßten die Vier genau den Moment ab, als er splitternackt dastand, entriegelten die Tür und hauten ab Richtung Schwimmhalle. Irgendwie zwängte er sich in seine Badehose, raffte Berge von Kleidern, Handtüchern und das Buch, das er sich mitgenommen hatte, zusammen und stürmte ihnen schweißgebadet hinterher.

Sie hatten sich brav in die Schlange vor der Pommesbude eingereiht. »Nix da!« entschied er und warf seine ganzen Sachen auf die einzige noch freie Liege am Beckenrand. »Erst wird geschwommen.«

»Aber wir haben doch so 'n Hunger«, quengelte Susanne.

»Um zehn Uhr morgens?« Er schielte zu seinem Buch hinüber und gab nach.

Zehn köstliche Minuten lang konnte er sich auf der Liege ausstrecken und lesen. Dann stand seine Jüngste neben ihm und forderte energisch: »Komm schwimmen.« Tapfer tummelte er sich eine halbe Stunde mit ihnen im Wasser, spielte ›toter Mann‹ und Walroß und beschloß dann: »Papa muß sich ausruhen.« Fünf Sätze schaffte er, dann kam Martin heulend mit einer dicken Beule an der Stirn.

Herinrichs machte eine für ihn erstaunliche Erfahrung: solange er die Kinder im Auge behielt, passierte nichts, sobald er auch nur die Nase in sein Buch steckte, ging es los: »Mareike hat ganz viel Wasser geschluckt.« – »Ich hab' so Bauchweh!« – »Martin hat mich an den Haaren gerissen; ganz feste.« – »Papa, Mareike ist weg. Schon unheimlich lange.«

Voller Panik suchte er das Schwimmbad ab, fand seine Vierjährige schließlich im Tischtennisraum, blaugefroren und schluchzend. Er rubbelte sie mit dem Handtuch, bis sie wieder rosig war, und tröstete. Als er zum Becken zurückkam, lagen sein Buch und die Handtücher in einer Pfütze und die Liege war weg. Da gab er auf. »Wir ziehen uns an und fahren nach Hause. Unterwegs kaufen wir Kuchen.« Den Rest des Tages verbrachte er größtenteils auf dem Sofa.

Für Norbert van Appeldorn sah der Sonntag aus wie die meisten in den letzten Jahren – er half seiner Frau beim Auszeichnen der Ware. Marion hatte eine Second-Hand-Boutique mit Kindermoden, die gut lief, aber leider auch mit einer Menge Arbeit verbunden war. Abends und an den Wochenenden mußten Sachen geprüft, aussortiert, gebügelt, mit Preisschildern versehen werden. Van Appeldorn faltete Strampler und bemerkte aus dem Augenwinkel, wie seine zweijährige Tochter gerade versuchte, an einem Regal hochzuklettern. »Nora! Nein! Komm da runter!«

»Laß sie doch«, rief Marion. »Das macht sie immer.«

Nora grinste ihn an und erklomm das nächste Brett. Sie

kannte sich im Laden aus. Marion nahm sie oft mit, wenn die Tagesmutter keine Zeit hatte.

Entschieden pflückte van Appeldorn das Kind vom Regal und wurde mit einem wütenden Kreischen bedacht. »Anna hätte ruhig mal zwei Stunden auf sie aufpassen können«, meinte er und pustete seiner Tochter in den Nacken, was sie sofort zum Quietschen brachte. Sie kuschelte sich an ihn und vergaß das Regal.

Marion brachte eine Kiste mit Duplos und stellte sie vor Nora auf den Boden. »Anna ist elf«, sagte sie. »Ist doch wohl klar, daß sie gern was mit ihren Freundinnen machen will. Oder glaubst du, die hat Lust, auch noch am Sonntag Babysitter zu spielen? Das muß sie schon oft genug.«

Van Appeldorn überhörte ihren Ton. Er konnte verstehen, daß sie ihren Laden behalten wollte und daß ihr die Arbeit Spaß machte – gefallen tat es ihm nicht. Aber dieses Thema galt es zu meiden.

Toppe saß auf seinem früheren Stammplatz am Eßtisch, Gabi gegenüber, rechts und links seine Söhne, und schob genüßlich den letzten Bissen in den Mund. Gabi hatte immer gut gekocht, wenn sie sich die Zeit nahm und Lust dazu hatte.

»Spielen wir gleich Monopoly, Papa?« fragte Oliver im Bettelton. Man sah ihm an, daß er das Idyll so lange wie möglich erhalten wollte. Sogar Christian brachte ein enthusiastisches »Au ja!« heraus, dabei war er sonst sehr darauf bedacht, seinen Vater auf Abstand zu halten. Selbst gestern, als Toppe bis in die Nacht hinein mit den beiden Computer gespielt hatte, war er so gut wie jedem Blickkontakt aus dem Weg gegangen.

Er sah Gabi an. »Hast du Lust zu spielen?«

Sie lächelte. »Klar.«

»Okay«, meinte Toppe, »aber zuerst wird gespült. Mama hat gekocht, ist nur gerecht, wenn wir den Abwasch machen.«

»Mensch!« maulte Oliver automatisch.

Gabi stand auf und stellte die Teller zusammen. »Laß sie doch. Wir beide können doch auch spülen.«

Die Jungs machten, daß sie rauskamen, und keine Minute später dröhnten ›Bravo Hits‹ aus dem Wohnzimmer herüber. Gabi ließ Wasser ins Spülbecken laufen und fing an, Töpfe zu schrubben. Toppe nahm sich ein Küchenhandtuch von der Heizung.

»Wolltest du mit mir allein reden?« fragte er vorsichtig.

»Nö.« Sie schrubbte fester.

»War's schön gestern abend?«

»Doch, eigentlich schon.«

Leicht machte sie es ihm nicht. Er betrachtete sie und fragte sich, was er für sie empfand. Es gab kein Wort, das gepaßt hätte. Nachts fehlte sie ihm, wenn er aufwachte und nicht wieder einschlafen konnte, weil er ihren Körper nicht spürte, ihren Atem nicht hörte. Der Alltag mit ihr fehlte ihm, die Selbstverständlichkeiten, die ihm in letzter Zeit erst auffielen, ihre Arme, wenn er müde war. Als sie sich jetzt zum Mülleimer runterbeugte, dachte er an Astrid und fing an, über Christian zu reden. Sie legte den Topfschwamm weg und drehte sich zu ihm um.

»Ist doch natürlich, daß der Junge unter der ganzen Situation leidet«, sagte sie ruhig. »Es liegt aber sicher auch am Alter. Er ist doch schon seit einer ganzen Weile so schwierig.«

»Ja?« fragte Toppe verunsichert. »Dann ist es wohl mein schlechtes Gewissen.«

»Tja«, meinte sie kühl, besann sich dann aber und nahm seinen Arm. »Laß mal. Auch ich hab' inzwischen nachgedacht. Es ist für uns beide ganz gut, daß du ausgezogen bist.«

»Wie meinst du das?«

»Ich habe vorher eine Menge Sachen einfach nicht gesehen. Vielleicht auch nicht sehen wollen. Aber so langsam ... Es ist eine Chance, oder?«

»Ja«, sagte er und griff nach ihrer Hand.

»Wie auch immer es ausgeht«, meinte sie und drehte sich wieder zur Spüle.

»Gabi!« Toppes Schwiegermutter stand in der Küchentür. Wie immer hatte sie nicht geklingelt, sondern den Schlüssel benutzt, den sie für Notfälle bei ihr deponiert hatten, und sich reingeschlichen. Sie streifte Toppe mit einem verächtlichen Blick und ignorierte ihn dann. Er lehnte sich gegen den Schrank und beobachtete sie; es fiel ihm sehr schwer, ruhig zu bleiben.

»Was willst du?« fragte Gabi patzig.

»Ich hab' den ganzen Tag noch nichts von dir gehört oder gesehen. Du mußt mal ebkes rüberkommen zu Papa.«

»Wieso? Ist was passiert?«

»Nee, nee, aber es ist doch wohl nicht zuviel verlangt, daß du dich einmal am Tag um deine Eltern kümmerst.«

»Später«, sagte Gabi, drehte den Wasserkran auf und spülte einen Topf ab.

Ihre Mutter sah sie konsterniert an. »Wie du meinst«, schnippte sie dann und ging. »Dann nehm' ich eben die Kinder mit rüber«, rief sie aus der Diele.

»Die Kinder bleiben hier!« brüllte Gabi.

Einen Moment war es still, dann fiel krachend die Haustür ins Schloß. Gabi seufzte.

»Komm«, sagte Toppe. »Jetzt reicht mir das Gehämmere da im Wohnzimmer. Wir zeigen den Jungs mal, was anständige Musik ist.«

Seine Singlesammlung stand noch an ihrem Platz ganz unten im Wohnzimmerschrank.

Die Kinder hatten das Monopolybrett schon aufgebaut, aber nachdem Toppe die ersten drei Scheiben gespielt hatte und Gabi anfing zu erzählen, wo und wann sie dazu getanzt hatten, vergaßen sie das Spiel. Christian lief hoch in sein Zimmer und holte ein paar CDs.

»Manche Stücke hören sich fast genauso an wie deine alten

Sachen«, rief er und spielte sie ihnen vor. Sie lümmelten auf dem Teppich herum und fachsimpelten über synthetisches Schlagzeug und mehrstimmigen Gesang. Gabi holte eine Familienpackung Erdbeereis. Toppe teilte gerecht.

»Twist«, fiel ihm ein, und er sprang auf. »Den hab' ich auch noch drauf.«

Gabi lachte laut, und Oliver kriegte sich gar nicht mehr ein über Toppes Verrenkungen. »Könnt ihr auch Rock'n Roll?«

»Sicher, das war immer unsere Spezialität«, meinte Toppe und setzte sich hin. »Wollten wir nicht Monopoly spielen?«

Als er zu seiner Wohnung zurückging, war es schon dunkel. Er pfiff leise vor sich hin und stellte verblüfft fest, daß er sich richtig wohl fühlte und sich sogar auf sein neues Zuhause freute.

Kaum hatte er seinen Mantel ausgezogen, klingelte auch schon das Telefon. Es war Astrid.

»Hej! Ich hab's schon x-mal probiert. Wo hast du dich die ganze Zeit versteckt?«

Er lachte. »Heute nachmittag war ich bei meiner Familie.«

Sie schwieg.

»Hallo!« rief er. »Bist du noch da?«

»Nein«, sagte sie und legte auf.

Er blieb eine Weile belämmert mit dem Hörer in der Hand stehen. Dann zog er sich die Schuhe aus, holte ein Bier aus dem Kühlschrank und wählte ihre Nummer. Es nahm keiner ab.

Sieben Minuten später stand sie vor seiner Tür.

»Tut mir leid. Ich hab' mich aufgeführt wie ein dummes Gör.«

Er nahm sie in die Arme, aber sie machte sich sofort frei. »Ich will endlich mit dir reden!«

Sie gingen in die Küche, setzten sich an den Tisch, tranken Bier. Es fiel ihr schwer; ihre Lippen zitterten unruhig, während sie sprach. Sie mache sich Gedanken, wie ihr Leben weitergehen sollte. Dreißig wurde sie schon. Wollte sie Kinder haben? Wenn ja, wurde es allerhöchste Zeit.

Toppe sah sie traurig an. »Du willst Schluß machen.«

»Nein«, antwortete sie. »Ich hänge bloß total in der Luft. Die ganze Zeit hab' ich meinen Mund gehalten, weil mir klar war, daß du auch so schon genug Probleme hast. Ich hab's sogar geschafft, nicht nachzudenken. Bis vor kurzem wenigstens. Weißt du, daß wir noch nie miteinander geredet haben? Über uns, meine ich.«

Toppe nickte langsam. »Ich liebe dich«, sagte er eindringlich.

Sie schluckte an Tränen. »Willst du mit mir leben?«

Er schaute sie lange an, bevor er antwortete. »Du fehlst mir, wenn du nicht da bist, Astrid. Ich denke ständig an dich. Aber ich will nicht einfach eine Frau gegen die andere austauschen. Das wär' nicht fair, das wär' übereilt und ... was weiß ich.«

Sie atmete scharf aus und nahm die Hände vom Gesicht. »Ich weiß das ja alles«, murmelte sie. »Trotzdem geht es mir saumiserabel.«

Er wollte sie umarmen, hielt sich aber zurück. »Ich muß erst mal alleine leben. Das ist egoistisch, aber ich muß, verdammt noch mal, herausfinden, was ich mit meinem Leben anfangen will. Ich weiß, das ist dir gegenüber mies. Ich bin unheimlich gern mit dir zusammen, ich schlafe gern mit dir. Ich will auch nicht dein Gigolo sein. Ich will kein Verhältnis, ich möchte eine Beziehung. Ja, ich will auch mit dir leben, aber im Moment geht das einfach nicht. Stimmt wohl, daß ich dir gegenüber verantwortungslos bin.«

»Bist du nicht«, sagte sie trotzig. »Ich bin erwachsen!«

»Das hat damit überhaupt nichts zu tun. Ich hab' die ganze Geschichte mit dir angefangen, und ich hab' auch nicht den leisesten Versuch unternommen, sie zu beenden – im Gegenteil. Natürlich bin ich in der Verantwortung. Ganz egal, wie alt du bist.«

»Für meine Gefühle bin nur ich verantwortlich. Ich kann jederzeit sagen: mir reicht's.«

»Kannst du?«

Sie lächelte schief. »Ich bin so verdammt eifersüchtig.«

»Das hab' ich gemerkt.«

»Gabi fehlt dir, das spür' ich doch.«

Er hob unglücklich die Schultern. »Natürlich fehlt sie mir. Hast du eine Ahnung, wie lange wir zusammen waren?«

Es fiel ihm auf einmal leicht, Astrid von sich zu erzählen, mit ihr zusammen nachzudenken. Sie redeten sich sehr nah aneinander heran. Als sie fuhr, hatten sie zwar kein konkretes Ergebnis, aber beiden ging es besser, und in dieser Nacht schlief Toppe zum ersten Mal seit Wochen durch.

Mitten in die montägliche Morgenbesprechung platzte Ackermann. Mit dem Fuß stieß er die Tür auf, stürmte quer durch Stasis Büro und ließ einen ganzen Stapel schwarzer Aktenordner auf den Schreibtisch prasseln.

Heinrichs sprang vor Schreck auf. »Bist du bekloppt? Du bringst mir ja alles durcheinander!«

»Sonderservice! Kleine Geschenke erhalten die Freundschaft«, lachte ihm Ackermann ins Gesicht. »Übrigens, Morgen ers'mal«, drehte er sich zu den anderen um. »Ich glaub', ich hätt' da wat für euch. Samstach abend, als ihr da am Altersheim euer Show-down gemacht habt, da hat mir nämlich so 'n kleiner Vogel wat gezwitschert, zwei Vögelkes, wenn man 't genau nimmt. Obwohl, eigentlich hat ich mir dat ja schon so vorgestellt, wenn ich ma' ehrlich sein soll.«

»Komm endlich zur Sache«, knurrte van Appeldorn. »Wir haben noch was anderes zu tun.«

Ackermann schob seine dicke Brille mit dem Zeigefinger in die richtige Position, grinste: »Ich kann mich doch aber ebkes noch setzen, oder?« Er quetschte sich neben van Appeldorn auf die Ledercouch. »Is' ja doch alles ir'ndwie 'n bisken eng hier. Also hört ma' zu ...«

»Haben wir eine Wahl?« murmelte van Appeldorn und rückte so weit wie möglich von Ackermann weg.

»Wir sind ganz Ohr«, sagte Toppe munter.

Ackermann legte los. Für seine Verhältnisse berichtete er erstaunlich präzise und, bis auf kleinere Ausrutscher, sogar recht knapp über seine Ergebnisse.

Am Samstag abend hatte er mit Emil Wagner »einfach 'n bisken gequakt« und »eigentlich mehr so nebenbei« erfahren, daß Wagner bei seinem Eintritt ins Heim zwei Konten angelegt hatte: eins für die laufenden Kosten und eins als »eiserne Reserve« zu günstigeren Zinsbedingungen. Den guten Rat hatte ihm Susanne Holbe gegeben, die auch die Vollmacht über die Konten hatte.

»Da hab' ich natürlich angefangen zu porkeln. Is' ja wohl klar«, sagte Ackermann. »Ers' ma' hab' ich mir seine Schwester gekrallt, dat Güsken ...« Er schlug sich auf die Oberschenkel. »Dat is' vielleicht 'n Feger, sach ich euch!«

Toppe lächelte.

»Werden Se jetz' bloß nich' rot, Chef. Die hat mir schon erzählt, dat Sie 'n alter Charmeur sind. So 'n richtiger Schwerenöter. Sacht man doch so, wa?«

Auch Auguste Beykirch hatte ein Zweitkonto, und sie hatte ihm erzählt, daß das bei den meisten anderen »Gästen« genauso war.

»Un' da sach ich mir doch, Ackermann, sach' ich, von wegen Nachtigall. Is' ja wohl klar, wo dat Geld von dieser Riefenstahl geblieben is'.«

»Riefenstahl?« fragte Astrid verwirrt.

»Na, diese Sängerin ... ich vergess' immer den Namen.«

»Heidingsfeld.«

»Genau! Tamara? Nee, ach is' ja auch egal. Ich mein', beim Wagner sind dat ja bloß so 'n paa' Kröten auf dem Zweitkonto. Aber bei Güsken, die is' nämlich die Witwe von so 'm Baumensch, da sind dat 240.000 Märker. Schön' Stängsken Geld, wenn de mich frachst. Hätt' ich wohl selbs' gern im Strömpke. Aber wat red' ich? Dat Zeuch is' ja sowieso bloß für mich interessant. Euch wollt' ich wat anderes erzählen. Ich bin da so ganz nebenbei auf wat gestoßen, dat könnt' wat für euch sein. Mein' ich jedenfalls.«

Ächzend schob er sich vom Sofa hoch, schlackste zum Schreibtisch und nahm einen der Ordner in die Hand. »Ad eins: die meisten, die da in der feinen Residenz ihr Leben fristen, haben keine Verwandten mehr. Is' doch komisch, wa? Gibbet ja nich' oft, so gar keine Verwandten. Muß man fast schon nach suchen. Übrigens, bei den lieben Verblichenen sieht dat nich' anders aus. He? Hör' ich da wat klingeln, Chef? Keine Verwandten – keine Erben? Genau!!«

Er klopfte mit der flachen Hand auf den Aktendeckel und sah dramatisch in die Runde. »Ad zwei: Kuckt euch ma' an, wieviel Leutchen genau dann abgenippelt sind, wenn dat Geld auf dem Erstkonto so gut wie aufgebraucht war. Vermeintliches Erstkonto, muß ich noch sagen; die Zweitkonten tauchen nämlich nirgends auf. Aber, wie gesacht, kuckt euch dat ma' an. Da fallen euch aber die Schluppen aus. Mich hat dat jedenfalls an 't Grübeln gebracht. Ich weiß ja nich', wie dat mit euch steht ...«

»Gute Arbeit«, brummte van Appeldorn, und er meinte es so.

Ackermann wurde ganz fickerig vor Freude. »Ich kann euch den Rummel gerne hier lassen. Da is' alles drin, Krankengeschichte, Totenschein ...«

Heinrichs schlug den ersten Ordner auf.

»Tja«, rief Ackermann. »Jetz' muß ich aber endlich in die Gänge kommen. Wat meint ihr, wat ich heut' noch alles auf meiner Liste zu stehen hab'.« Damit war er schon fast an der Tür.

»Chef?« drehte er sich noch einmal um. »Sie halten mich doch aber auf dem Laufenden?«

»Sicher«, antwortete Toppe, »das ist doch wohl keine Frage.«

»Ihr wißt ja, Mord ...«

»Geschenkt«, stöhnte van Appeldorn.

22

Heinrichs war ganz wild darauf, sich die Akten vorzunehmen.

»Es macht euch doch nichts aus, wenn ich heute im Büro bleibe und mich mit Ackermanns Entdeckungen beschäftige? Könnte interessant sein, die Aufzeichnungen von diesem Köster dazu zu nehmen. Außerdem ist da noch eine andere Sache, die ich dringend überprüfen muß.«

»Was denn?« wollte Toppe wissen, aber Heinrichs wiegte nur rätselhaft den Kopf.

Astrid seufzte. »Scharf bin ich nicht gerade drauf, aber ich muß noch mal mit Schöningh sprechen.«

»Wollen Sie wirklich allein raus zur JVA?« fragte van Appeldorn.

»Muß ich gar nicht«, erwiderte Astrid kühl. »Ich hab' gestern gleich für Schöninghs Ausantwortung gesorgt. Der ist unten im PG. Ich laß ihn mir ins Vernehmungszimmer bringen.«

»Apropos«, meinte Toppe. »Es wird Zeit, daß wir hier rauskommen. Morgen soll Siegelkötter wieder zurück sein.«

Heinrichs betrachtete bekümmert die windschiefen Stapel auf dem Schreibtisch. »Das muß ja nicht jetzt sofort sein«, meinte er mißbilligend.

»Wann sonst?« fragte Toppe. »Norbert und ich müssen zu Grootens, und der ist nur bis zwölf im Altenheim.«

Unwirsch stapelte Heinrichs irgendwelche Bücher und Papiere auf seine Arme, sicherte sie mit dem Kinn und stapfte hinaus. Toppe nahm den Computer, Astrid den Bildschirm, und van Appeldorn griff sich Stasis Edelstahlpapierkorb und fing an, die Aschenbecher auszuleeren und Papierschnipsel vom Teppichboden aufzusammeln.

Mit dem Ellbogen drückte Heinrichs die Klinke runter, stieß mit der Hüfte die Tür auf und hielt dann mitten in der Bewegung inne. Kalte Luft schlug ihnen ins Gesicht. Alle drei Fenster in ihrem Büro waren ausgebaut. Die Baufolie, die man nachlässig befestigt hatte, schlug knatternd gegen das Mauerwerk. Ihre Schreibtische, die Stühle, alles war unter blauer Plane versteckt, überall lagen Putzbrocken herum, in der Ecke standen Werkzeuge und Schnellbinder. Ihr alter Garderobenständer hatte nicht überlebt. Armselig lehnte er an der Wand, der grüne Metallfuß mitten durchgebrochen.

»Und was jetzt?« fragte Heinrichs.

»Alles wieder zurück«, grinste Toppe.

»Sollen wir nicht vielleicht doch lieber ...« druckste Heinrichs. »Ich meine, zur Not ... das Vernehmungszimmer.«

»Quatsch«, beschied Toppe. »Der Alte hat uns nicht mal unterrichtet. Wenn der seine Termine nicht auf die Reihe kriegt, muß er sich nicht wundern.«

Schöningh merkte man seine Nacht in der Zelle überhaupt nicht an. Er ließ sich von Flintrop im Vernehmungszimmer abliefern, fläzte sich so auf den abgewetzten Holzstuhl, daß es aussah, als hätte er es unheimlich bequem, und heftete seinen Blick auf Astrids Busen. Sie schmiß ihre Papiere auf den Tisch. Er grinste spöttisch, aber sie ignorierte es und begann mit ihrer Arbeit.

Er überhörte ihre Fragen, streckte die Beine noch weiter aus und meinte: »Kein Grund zur Aufregung, oder? Die ganze Geschichte ist doch nur 'ne kleine Sachbeschädigung. Dafür krieg' ich höchstens ein paar Wochen. Ja und? Das war's wert.«

»Kleine Sachbeschädigung?« schnaubte Astrid. »Aber leider darf ich das nicht entscheiden.«

Sie legte ihm das Protokoll vor. »Lesen Sie sich das bitte durch und unterschreiben Sie dann. Ein bißchen dalli, wenn's geht.«

»Ich hab's eigentlich lieber ein bißchen langsamer«, meinte er und ließ seinen Blick auf ihrem Körper spazierengehen.

Sie knallte ihm den Stift aufs Papier.

Er las nicht, tat nur so, blätterte hin und wieder zurück und nahm endlich den Stift.

In diesem Moment wurde die Tür aufgerissen.

Jakob Heuvelmann sah aus, als hätte er seit Tagen nicht geschlafen.

Astrid rutschte das Herz in den Bauch. »Wie kommen Sie denn hier rein?« Wo, zum Teufel, war Flintrop? Der hatte doch vor der Tür auf den Häftling zu warten.

Heuvelmann nahm Astrid gar nicht wahr. Zielstrebig ging er auf Schöningh zu. Astrid fluchte laut; ihre Dienstwaffe lag auf Stasis Sofa.

Schöningh hatte seine ganze Lässigkeit verloren; sein Blick flackerte zwischen Heuvelmann und Astrid hin und her.

Heuvelmann, die Hände an der Hosennaht zu Fäusten geballt, hatte Schöninghs Gesicht nicht aus den Augen gelassen, blieb vor ihm stehen. Seine Stimme war ganz leise, fast ohne Ton. »Du miese, kleine Drecksau!«

Astrid stand langsam auf und kam um den Tisch herum.

»Du verdammtes Schwein!« Immer noch leise.

Astrid faßte Heuvelmanns Arm, jeden Muskel in ihrem Körper angespannt. Heuvelmann zuckte und sah sie an.

»Keine Sorge«, sagte er mit normaler Stimme. »Ich tu ihm nichts. Ich werde mir doch nicht die Hände schmutzig machen.«

Astrid atmete kurz durch, aber sie ließ ihn nicht los.

Heuvelmann sah wieder Schöningh an. »Du wolltest mich kaputt machen, aber ich muß dich enttäuschen – bester Freund. Du hast meine Pferde abgestochen – mein Leben ruinierst du mir nicht! Eines mußt du wissen: wenn du dich jemals wieder an meine Frau ranmachst, bring' ich dich um.«

Schöningh liefen Schweißperlen am Hals herunter, aber er lachte. »Deine Frau? Und dein Kind?«

Im selben Moment, in dem Heuvelmann ausholte, hatte Astrid ihm schon den Arm auf den Rücken gedreht. Er verzog das Gesicht. »Sie können mich wieder loslassen, es ist schon gut.«

Astrid spürte, daß die Spannung in seinem Körper weniger wurde, und ließ locker. Heuvelmann legte seine Hand auf Schöninghs Schulter. »Meine Frau, ja, und unser Kind! Und wenn du verreckst, daran änderst du nichts!«

Astrid griff wieder fester zu. »Ich will, daß Sie jetzt gehen. Jetzt sofort! Und es wäre mir lieber, Sie täten es freiwillig.«

Heuvelmann sagte nichts. Er drehte sich nur um und ging hinaus. Die Tür ließ er auf, und so konnte Astrid Flintrops verdattertes Gesicht sehen. Sie stürzte hinaus auf den Gang und brüllte: »Wo haben Sie gesteckt, verflucht noch mal?«

»Ich war doch höchstens eine Minute ... menschliches Bedürfnis ...« stammelte er.

»Scheiße!« schrie sie. »Am liebsten würde ich Sie ...«

»Tut mir echt leid ...«

»Ach.« Sie rieb sich die Stirn. »Halten Sie bloß die Klappe.« Damit verschwand sie türknallend wieder im Vernehmungszimmer.

»Und jetzt«, fuhr sie Schöningh an, »Ihre Unterschrift, aber sofort, und dann Ihren Abgang, bitte!«

Der Leichenwagen parkte quer vor der Eingangstreppe von Haus Ley.

Susanne Holbe stand vor dem Durchgang zum Wintergarten mit dem Rücken zur Tür; hinter ihr guckten mehrere alte Leute neugierig durch die Scheiben. Sie wollte offenbar niemanden in der Halle haben.

»Was machen Sie denn schon wieder hier?« fuhr sie Toppe und van Appeldorn an.

»Wer ist denn gestorben?« fragte Toppe ebenso unfreundlich.

Sie räusperte sich und probierte ein geschäftsmäßiges Lächeln. »Herr Geurts, ein Patient von der Pflegestation. Er war schon sehr lange krank, Syphilis im dritten Stadium. Wir sind froh, daß es dann doch noch so schnell gegangen ist.«

»Ist Dr. Grootens im Haus?« fragte van Appeldorn.

»Ja, Sie haben Glück. Er ist gerade in meinem Büro und stellt den Totenschein aus. Wenn Sie allein hinfänden ... ich möchte im Augenblick hier nicht weg.«

Dr. Grootens saß an Holbes Schreibtisch, ein großer Mann mit Seehundbart, ein Beau, an dem das Alter schon kräftig genagt hatte. Er war blitzwütend.

»Dann verdanke ich es ja wohl auch Ihnen, daß mir die Drogenfahndung gerade die ganze Praxis auf den Kopf stellt?«

»Genau«, sagte van Appeldorn.

»Aber deswegen sind wir heute nicht gekommen«, meinte Toppe schlicht. »Wir haben ...«

»Ich weiß, warum Sie hier sind«, fiel ihm Grootens ins Wort. »Das haben mir schon mindestens zehn Leute erzählt. Sie wollen wissen, ob ich diesen Privatdetektiv hier im Haus gesehen habe. Dazu sage ich Ihnen klar und deutlich: Nein, ich habe diesen Menschen zu keinem Zeitpunkt gesehen, weder hier noch sonstwo. Ich habe nicht einmal von seiner Existenz gewußt. Reicht Ihnen das?«

Toppe nahm in aller Ruhe seinen Notizblock heraus und fing an zu schreiben.

»Warum sind Sie eigentlich so ... ungehalten?« fragte van Appeldorn.

»Das kann ich Ihnen sagen!« Grootens kam mit einem Satz auf die Füße. »Mein Ruf ist mein Kapital. Und wenn bei mir wegen irgendeiner Verleumdung die Drogenfahndung auftaucht, dann bedroht das meine Existenz.«

»Darf ich mal den Totenschein sehen?« streckte Toppe die Hand aus.

»Was soll das jetzt wieder?« knurrte Grootens. »Aber bitte, bedienen Sie sich.«

»Todesursache: Herzversagen«, las Toppe. »Sind Sie da ganz sicher?«

Grootens dicker Schnurrbart zitterte. »Ich bin absolut sicher. Wollen Sie mir jetzt auch noch unterstellen, daß ich meine Arbeit nicht anständig mache?«

»Wie stellen Sie denn so was fest?« fragte Toppe. »Todesursache: Herzversagen?«

Grootens ließ sich auf den Stuhl fallen, schüttelte lange den Kopf über soviel Unverstand und setzte dann an zu einer endlosen Erläuterung, die vor medizinischen Fachausdrücken nur so strotzte. Seelenruhig ließ Toppe sich jede Kleinigkeit erklären.

»Und Sie haben von Anfang an hier die Totenscheine ausgestellt?«

»Ja.«

»Waren Fälle mit unklarer Todesursache dabei, oder Fälle, bei denen Sie im Zweifel waren?«

»Das ist doch ...« Grootens schnappte nach Luft, stand dann auf zum großen Abgang. »Das muß ich mir alles nicht bieten lassen! Ohne meinen Anwalt werde ich kein weiteres Gespräch mit Ihnen führen.«

Die Tür klickte hinter ihm ins Schloß.

»Touché«, murmelte Toppe.

»Hm«, nickte van Appeldorn, »den haben wir ganz schön aufgescheucht.«

Die Heimbewohner saßen beim Mittagessen an weißgedeckten kleinen Tischen, zu dritt und zu viert. Toppe und van Appeldorn sahen vom Wintergarten aus zu und warteten auf Emil Wagner und Auguste Beykirch. Besteck klirrte, Teller klapperten, aber kaum jemand sprach. Toppe konnte nicht erkennen, was es gab, auf jeden Fall war es etwas, wozu man kein Messer brauchte. Einem alten Mann lief beim Trinken die Hälfte der Milch aus den Mundwinkeln und tropfte auf den Teller. Er bemerkte es gar nicht. Toppe sah weg. Frau Köster saß neben ihrem Mann und rührte keinen Bissen an. Gehetzt sah sie von einem zum anderen, drehte sich sogar zu denen um, die ihr im Rücken saßen. Plötzlich zog sie die Damastserviette vom Tisch auf ihren Schoß und schaufelte hektisch das Essen hinein. Köster schlug ihr auf die Finger. Der Brei klatschte zwischen ihren gespreizten Knien auf den Boden, und sie fing laut an zu weinen. Drei, vier Leute sahen mitleidig zu ihr hin, ihr Mann drehte sich weg.

Auguste Beykirch saß mit ihrem Bruder und Franka Billion an einem Dreiertisch etwas abseits. Sie hatte den Polizisten zugezwinkert und ihnen durch Zeichen zu verstehen gegeben, daß sie gleich käme. Franka Billion warf Toppe ein paarmal einen spöttischen Blick zu. Sie schien seine Gedanken zu lesen. Selbst bei den dreien sah das Essen nach Arbeit aus. Sie waren als erste fertig und kamen sofort raus. Emil hielt Frankas Hand. Sie blieb vor Toppe stehen, ihre Augen, auf derselben Höhe wie seine, blitzten aufmüpfig. »Das mit dem würdevollen Alter ist nur eine gnädige Sage, nicht wahr?«

Toppe gab ihr die Hand. »Wir haben uns noch nicht kennengelernt. Wie geht es Ihnen?«

»Verglichen womit?« fragte sie, aber sie lachte dabei.

Während sie sich setzten, bemühte sich auch van Appeldorn um Konversation. »Und? Wie ist das Essen hier? Gut?«

»Nahrhaft«, antwortete Emil Wagner. »Hält einen bei Kräften. Geschmacklich, na ja. In unserem Alter schmeckt sowieso fast alles wie Stroh.«

»Jammer nicht«, stieß Auguste ihn an. »Vom Jammern kriegt man bloß Runzeln und Bauchkniepen.«

»Ich jammere doch überhaupt nicht«, trotzte der Bruder.

Franka Billion hatte kein Zweitkonto angelegt. Den größten Teil ihres Vermögens verwaltete sie selbst; nur vom Konto, das sie für die laufenden Kosten hier hatte anlegen müssen, besaß Susanne Holbe eine Vollmacht. »Ich bin ja noch nicht entmündigt, nicht wahr?«

Vorm Fenster schepperte es, zwei Männer schoben einen Sarg in den Leichenwagen. Alle waren still. Emil Wagner schauderte. »Der Nächste, bitte.«

Franka Billion sah auf ihre Hände. »Ich habe keine Angst vor dem Tod«, sagte sie leise. »Das einzige, was ich fürchte, ist, senil zu werden.« Sie schaute auf. »Und deshalb: Wer ist heute mit Aussuchen dran?«

»Ich«, rief Auguste.

Franka seufzte. »Aber bitte nicht schon wieder Schiller.«

»Schiller ist immer noch leichter als dein moderner Bachmannkram«, gab Auguste kiebig zurück.

»Für dich vielleicht.«

Es stellte sich heraus, daß die drei regelmäßig Gedichte auswendig lernten, um ihr Gedächtnis zu trainieren.

»Vielleicht sollte ich auch damit anfangen«, meinte Toppe versonnen.

»Schaden kann das bestimmt nicht«, sagte Auguste. »In Ihrem Beruf müssen die grauen Zellen doch tipptopp funktionieren, oder? So, und jetzt ein Mittagsschläfchen. Hinterher koch' ich uns eine Kanne Kaffee, damit wir wieder in Schwung kommen.«

Franka griff nach Emils Hand. »Ich fühle mich jetzt schon ganz schwungvoll ...«

Er sah ihr wissend in die Augen und zog sie mit sich hoch. »Wir kommen dann um drei zu dir rüber, Güsken.«

»Die haben tatsächlich was miteinander«, staunte van Appeldorn, als sie wieder im Auto saßen.

»Ja«, nickte Toppe, »hab' ich doch erzählt. Warum auch nicht?«

»Ich weiß nicht ...« Van Appeldorn schüttelte sich. »Komm, laß uns nach Uedem fahren und was essen.«

Sie parkten den Wagen im Ortskern. Zwischen dem klobigen katholischen Gotteshaus und der kleinen, weißverputzten protestantischen Kirche lag der Marktplatz. An den Seiten hatte man frische Platanen gepflanzt, untereinander mit Stekken verbunden und festgezurrt, um den Wuchs in eine bestimmte Richtung zu lenken. Ihre Kugelfrüchte baumelten im Wind wie dicke Pompons.

Sie sahen sich die Brunnenskulptur an: vier Menschen, je zwei sich gegenüber, zogen mit aller Kraft an einem Seil. *Wej träkke all an een tauw* stand auf einer Tafel.

»Versteh' ich nicht«, murmelte van Appeldorn, »an een Tauw, in verschiedene Richtungen?«

Toppe sah zu den Kirchtürmen hoch. »Ich frag' mich schon die ganze Zeit, wann die Kirche wohl gebaut worden ist«, überlegte er. »Irgendwie hat die ja was vom umwerfenden Charme des Tausendjährigen Reiches, aber auch wieder nicht so ganz. Komisch ...«

»Ach komm, Helmut, du bist doch nicht als Tourist hier. Außerdem hab' ich Hunger.«

»Ja, sofort. Laß mich nur mal eben gucken.« Er ging an der Glasbausteinwand mit der Behindertenrampe entlang, bog um die Ecke, wo es zur Sakristei ging, und fand schließlich, was er gesucht hatte: *Erbaut 1890, renoviert 1959/60.*

»Merkwürdig«, murmelte er.

Langsam schlenderten sie um das Geviert herum, auf der Suche nach einem Restaurant. Es sah nicht gut aus: das Bistro war wenig einladend, in der Pizzeria gab es, wie sie mit einem Blick durch die staubige Scheibe feststellten, keinen Tisch, an dem man gemütlich hätte sitzen können, die Kneipe hatte geschlossen, aber nach *Gr. Bockwurst m. Brot* und *Strammer Max (2 Eier)* stand ihnen sowieso nicht der Sinn. Blieb einzig das Café. Van Appeldorn machte das gar nichts aus, er liebte Kuchen zu jeder Tageszeit, aber Toppe maulte: »Komm, laß uns da hinter der Ecke weitersuchen. Ich will lieber was Geherztes.«

»Nimmst du eben ein Wurstbrötchen!« hielt ihm van Appeldorn die Tür auf und machte sich auf die Suche nach einem ruhigen Tisch.

Toppe registrierte mit Schaudern die Stilbrüche in der Einrichtung. Auf jedem Tisch prangte ein großes Nichtraucherschild.

»So was muß ich nicht haben«, moserte er unterdrückt. »Laß uns wieder gehen.« Aber van Appeldorn hörte ihn gar nicht. Ganz hinten gab es vier Tische mit Aschenbechern.

»Typisch«, sagte Toppe. »Direkt am Klo, Fenster zum Hinterhof. Ich fühl' mich diskriminiert. Es kommt noch so weit, daß wir alte Omas überfallen müssen und Handtaschen klauen. Kleiner Bruch im Tabakladen wär' auch nicht schlecht. Von wegen Beschaffungskriminalität. Wenn wir das lange genug machen, kriegen wir demnächst die Zigaretten auf Rezept.«

23

Stanislaus Siegelkötter stand sprachlos in seinem makellosen Zweireiher, den Diplomatenkoffer in der Hand, und versuchte zu begreifen, was er da sah.

Heinrichs unterbrach sich mitten im Satz, van Appeldorn und Astrid lehnten sich erwartungsvoll zurück.

»Guten Morgen, Herr Siegelkötter«, stand Toppe auf und streckte seinem Chef die Hand hin. Der war so durcheinander, daß er den Gruß erwiderte und sich von Toppe mit auf den Flur nehmen ließ.

»Wenn ich Ihnen mal kurz zeigen darf, was schiefgelaufen ist.«

Toppe öffnete die Tür zu ihrem Büro und ließ Stasi den Vortritt. Der Wind pfiff ihm entgegen, eine der Bauplanen hatte sich losgerissen; von Handwerkern noch keine Spur.

Langsam fing Siegelkötter sich wieder. »Das ist ja unglaublich«, murmelte er zuerst, aber dann brüllte er in bekannter Manier: Er habe es nicht nötig, sich von seinen Mitarbeitern auf der Nase herumtanzen zu lassen; sein Büro, doch quasi seine Intimsphäre! Unfaßbar! Toppe nickte zu allem und ließ ihn kollern, bis ihm nichts mehr einfiel.

»Wir haben leider keine andere Möglichkeit gesehen«, meinte er bedauernd.

»Da gibt es auch noch das Vernehmungszimmer, bester Herr Toppe!«

Toppe runzelte die Brauen. »Zu viert? Mitten in einem Mordfall?« fragte er nur.

Stasi rieb sich den Nacken.

»Wir sind im Fall te Laak übrigens ein ganzes Stück weitergekommen und konnten auch die Ermittlungen in einem anderen Fall abschließen«, begann Toppe und ging dabei langsam den Gang hinunter. Aber Siegelkötter blieb stehen und starrte ins Leere.

»Später«, sagte er dann knapp. »Arbeiten Sie weiter. Ich bemühe mich um eine Lösung.«

»Und?« fragte van Appeldorn gespannt, als Toppe zurückkam.

»Arbeiten Sie weiter, bester van Appeldorn!« knarrte Toppe. »Der Boß persönlich bemüht sich um eine Lösung.«

»Klasse!« kicherte Astrid.

Heinrichs nahm seinen Faden von vorhin wieder auf. »Larissa Heidingsfeld; Todesursache laut Grootens: Herzinfarkt. Sie war 69 Jahre alt und gesund. Im Krankenblatt sind normale Wehwehchen vermerkt: Grippe, Bronchitis, usw. Nach Kösters Aufzeichnungen war die Dame topfit und überall mit der Nase dabei. Ihr Ableben kommentiert er wie folgt: ›plötzlich und unerwartet liegt sie morgens tot im Bett, überraschend (s. u. gesundheitl. Konstitution), jedoch keinesfalls erschütternd.‹«

Heinrichs konnte sich immer noch an den Bemerkungen des alten Misanthropen ergötzen, aber er kam schnell wieder zur Sache: »Mit der Heidingsfeld habe ich angefangen, dann habe ich mir systematisch all jene vorgenommen, die in den letzten Jahren verstorben sind und keine Verwandten hatten.«

Er blätterte weiter. »Als erster wäre da Karl Menge, gestorben vor fast genau drei Jahren. Er war 91 Jahre alt, Maschinenbauingenieur, kinderlos, verwitwet. Litt an Diabetes mellitus, also Zuckerkrankheit, und an Rheuma. Laut Köster war er ein Mann mit ›bewundernswert klaren Prinzipien‹, äußerst rüstig wohl für sein Alter. ›Wahrscheinlich bei der Waffen-SS‹ steht hier auch noch. Im Krankenblatt häufen sich die Eintragungen in den letzten vierzehn Tagen. Da werden Medikamente an- und abgesetzt. Menge klagt über Übelkeit, Gelenkschmerzen, Schlaflosigkeit, er hat Haarausfall, Polyneuropathien – das sind Nervenschmerzen überall – und Depressionen. Er stirbt an einem Samstagabend. Todesursache laut Totenschein: Nierenversagen bei Diabetes mellitus im Spätstadium.«

»Wundert dich das?« brummte van Appeldorn. »Der Mensch war über 90!«

Heinrichs machte einfach weiter. »Zweitens: Johanna van Baal, gestorben vor etwas über zwei Jahren. Sie war 89, eine alleinstehende Schauspielerin aus Berlin. Diagnose Köster: unerträglich konfus; Diagnose Grootens: Morbus Alzheimer. Plötzlich verstorben an einem Samstagnachmittag; laut Totenschein an einem Apoplex bei cerebrovaskulärer Insuffizienz bei M. Alzheimer – das ist wohl ein Hirnschlag. Köster schreibt in seinem Tagebuch: ›Selbst im Tod hat sie ihren Beruf nicht vergessen. Siebzehn Minuten hat sie geschrien, daß die Wände bebten. Man konnte dem nicht entkommen.‹ Das ist schon seltsam, aber weiter. Drittens: Martin Heisterkamp, gestorben vor achtzehn Monaten. 82 Jahre alt, Geschäftsmann, kinderlos, verwitwet. Lebercirrhose und tachycarde Rhythmusstörung. Lag auf der Pflegestation. Bei Köster gibt es keinerlei Aufzeichnungen über den Mann, nur sein Aufnahmedatum ist vermerkt. Gestorben an einem Samstag; Todesursache: Leberkoma mit konsekutivem Nierenversagen bei Leberzirrhose.«

»Wenn ich dich richtig verstehe«, meinte van Appeldorn, »dann willst du doch darauf hinaus, daß die Leute ermordet worden sind, oder?«

»Ja«, nickte Heinrichs, »und das kann ich auch ...«

»Mal langsam«, beharrte van Appeldorn. »Wenn einer 'ne Leberzirrhose hat, dann scheint mir ein Leberkoma ja wohl die wahrscheinlichste und natürlichste Todesursache der Welt zu sein.«

»Ja, ja«, sagte Heinrichs, »das genau ist das Perfide an der Sache. Man kann einen Leberschock nämlich auch durch Gift auslösen, durch Chloroform zum Beispiel. Aber das überprüft natürlich kein Mensch, wenn der Mann sowieso leberkrank war.«

»Du phantasierst mal wieder«, wischte van Appeldorn die Erklärung weg.

»Jetzt warte doch mal ab! Viertens: Wendelin Mairhofer, gestorben vor acht Monaten. 76, Unternehmer, alleinstehend. Hatte eine chronisch asthmoide Emphysembronchitis, also ziemlich böse Lungenbeschwerden. Köster hat ihn jeden Tag besucht; er war sein bester Freund. Grootens gibt den Gesundheitszustand mit ›ausreichend‹ an. Köster kann den Tod nicht fassen; er hat noch eine Stunde vorher mit Mairhofer Schach gespielt. Todesursache: Rechtsherzversagen bei chronischem Cor pulmonale. Gestorben samstags um die Mittagszeit. Die Fünfte in der Reihe war Larissa Heidingsfeld. Die ist übrigens vor fünf Monaten gestorben, in einer Samstagnacht.«

»Sechstens: Otto Geurts«, sagte Toppe nachdenklich.

»Der ist tot?« fragte Heinrichs erstaunt und grub in seinen Papieren. Ein Stapel Bücher geriet ins Rutschen und kladderte zu Boden. Heinrichs schaute nicht einmal hin. »Das ist doch einer von den dreien ...« brummelte er. Er hatte die Akte gefunden. »Im Augenblick leben drei Leute im Heim, die keinerlei Verwandte haben. Hier: Otto Geurts, 79 Jahre alt, Pflegefall; Lues, Stadium 3, sagt die Krankenakte. Außerdem steht da noch: Dekubitus, cerebral affektiert, Barbituratabhängigkeit seit Jahrzehnten.«

Er sah zu Toppe hoch. »Was war denn die Todesursache?«

»Herzversagen.«

»Ach nee? Und wann ist der gestorben?«

»Gestern, kurz nach Mitternacht.«

Heinrichs kratzte sich an der Schläfe. »Manche Gifte dauern ja auch länger.«

»Weil gestern Montag war?« fragte Astrid. »Ich hab' mich schon die ganze Zeit gewundert, warum Sie das mit dem Samstag so betont haben.«

»Samstags macht Susanne Holbe ihre Runde über die Pflegestation und durchs Heim«, sagte Toppe und sah Heinrichs an.

»Genau«, nickte der. »Und damit komme ich zu meinem zweiten Oberpunkt.«

»Augenblick noch. Wer sind die beiden anderen ohne Verwandte im Heim?« wollte van Appeldorn wissen.

»Franka Billion; die kennen wir ja. Und eine Käthe Koch, 79 Jahre, ehemalige Schulleiterin. Grootens' Diagnose: Alkoholismus. Köster läßt sich seitenweise über die Frau aus, alles negativ: distanzlos, schulmeisterlich, unhygienisch, verwahrlost und so weiter.«

Heinrichs klappte die Akte zu. »Wir wußten ja, daß die Holbe Pharmazie studiert hat. Was wir aber nicht wußten, ist, daß sie während des Studiums im toxikologischen Institut gearbeitet hat, um sich ihre Brötchen zu verdienen. Ihr erinnert euch, daß ich gesagt habe: einer, der sich das mit dem Knollenblätterpilz ausdenkt, muß verdammt fit sein in Toxikologie. Da ist aber noch was: Hat jemand von euch den Garten bemerkt, der nach hinten raus am Wassergraben liegt?«

»Klar, der ist frisch umgegraben«, sagte van Appeldorn. »Ich habe mich noch gefragt, wer mitten im Winter seinen Garten umgräbt.«

»Ganz genau, ich fand das auch seltsam. Mehrere alte Damen haben mir erzählt, die Holbe hätte einen grünen Daumen. Sie wäre ganz verrückt mit ihren exotischen Pflanzen im Wintergarten. Hätte sie alle selbst gezogen. Ihr Lieblingskind ist aber wohl der kleine Kräutergarten am Wassergraben gewesen. Fast jeden Tag hat sie da ein, zwei Stündchen rumgeackert. Vorige Woche Montag hat plötzlich der Hausmeister angefangen, den Garten komplett umzugraben, und Susanne Holbe hat Sträucher und Büsche ausgerissen und in die Mülltonne gestopft. Den alten Leutchen hat sie erzählt, sie wolle dort jetzt einen Wassergarten anlegen.«

Er nahm einen Stapel großformatiger Fotos und breitete sie

ordentlich nebeneinander auf dem Fußboden aus. »Auguste Beykirch hat mir neulich ein paar Fotos gezeigt von den letzten Festivitäten im Altenheim. Mir ist erst nachher eingefallen, daß da drauf auch manchmal ein Stück von dem Garten zu erkennen war. Also hab' ich mir am Samstag die Fotos geholt, und van Gemmern hat mir netterweise Ausschnittvergrößerungen gemacht. Seht euch das mal an.«

Toppe, van Appeldorn und Astrid hockten sich hinter Heinrichs auf den Teppichboden.

Lauter Fotos von irgendwelchen Pflanzen. Heinrichs schob ihnen noch einen dicken Wälzer hin. »Mein Bestimmungsbuch. Ich hab' alle gefunden. Von wegen Kräutergarten! Ich nenne so was Hexenküche.« Er tippte auf einzelne Fotos. »Hier direkt am Wasser wächst Fleckschierling. Und dann guckt mal: Tollkirsche, Eisenhut, Trichterwinde, Stechapfel, Bilsenkraut, Fingerhut, Schlafmohn. Teilweise sind die in unseren Breiten gar nicht so einfach zu züchten. Und hier: Tabak, Maiglöckchen, Herbstzeitlose. Hört sich harmlos an? Von wegen! Mit jeder dieser Pflanzen oder Extrakten davon kann man einen Menschen um die Ecke bringen. Vor allem dann, wenn der Mensch vielleicht schon vorgeschädigte Organe hat. Aber daran bastele ich noch«, blinzelte er geheimnisvoll.

Van Appeldorn räusperte sich. »Und wo ist, bitte schön, der Knollenblätterpilz?«

»Den konnte ich gar nicht finden«, antwortete Heinrichs gelassen. »Die Fotos sind vom Sommerfest und von Weihnachten. Beides keine Pilzzeit, oder?«

Van Appeldorn blieb unbeeindruckt. »In Ordnung, nehmen wir ruhig mal an, die Holbe vergiftet ein paar alte Leute, um sich deren Geld unter den Nagel zu reißen. Aber warum te Laak?«

»Das ist doch wohl logisch«, meinte Astrid. »Der hat das rausgekriegt mit den Giftmorden.«

»Eben das glaube ich nicht! Wie hätte er das wohl rauskriegen sollen?«

»Mußte er doch gar nicht«, sagte Toppe. »Es reicht doch völlig, wenn er hinter diese Geschichte mit dem unterschlagenen Geld und den Zweitkonten gekommen ist. Die Holbe mußte doch davon ausgehen, daß te Laak die Polizei einschaltet, und jede intensivere Nachforschung hätte ihr gefährlich werden können.«

»Stimmt«, dachte van Appeldorn nach. »Sie konnte ja nicht ahnen, daß te Laak sich wahrscheinlich mit einem Batzen Geld hätte abspeisen lassen.«

»Jemand, der planvoll und kaltblütig und offenbar ungefährdet fünf oder sechs Leute umbringt, der hat doch längst keine Hemmschwelle mehr. Solche Typen entwickeln Allmachtsgefühle«, ergänzte Heinrichs.

Van Appeldorn verzog wieder mißbilligend den Mund.

»Wofür braucht die Holbe eigentlich so viel Geld?« fragte Astrid. »Ich meine, es waren doch wohl immer größere Beträge auf den Zweitkonten. Wieso hat sie sich nicht einen ausgeguckt mit – was weiß ich – 120.000 auf dem Konto, ihn vergiftet und ist dann abgehauen?«

Van Appeldorn lachte. »Vielleicht spart sie auf was Größeres.«

Toppe wanderte mal wieder.

»Ich sehe nur eine vernünftige Möglichkeit«, meinte er schließlich.

»§ 87 StPO ff.«, bestätigte Heinrichs.

»Das genehmigt der Alte nie!« rief Astrid.

Van Appeldorn und Toppe lächelten sich an. »Wetten?«

Susanne Holbe streifte durch den Wintergarten, in der rechten Hand eine Sprühflasche, in der linken einen Korb mit Tinktur, Schere, kleiner Harke, und umsorgte ihre Pflanzen. Sie lockerte die Erde in den Töpfen und Kübeln, entfernte welke Blätter, pinselte, nebelte alles Grün mit hauchfeinen Wassertropfen ein. Halb versteckt hinter dem Hibiskus saßen der alte Wagner und die Billion und befummelten sich schon wieder. Denen würde sie gleich – aus Versehen selbstverständlich – eine kalte Dusche verpassen. Ekel stieg in ihr hoch, wenn sie sich die beiden im Bett vorstellte: ihre verwelkten Fladenbrüste, der Sackhintern, die leblose Haut, seine Krampfadern, vertrocknete Schrumpelhoden mit grauen Borsten drumherum; wie er sich abrackerte, seinen schlaffen Schwanz in ihre ausgedörrte Möse zu quetschen. Altmännergeifer und fauliger Atem. Widerlich, jenseits von Gut und Böse und immer noch diese Gier. Jetzt standen die beiden auf und holten ihre Mäntel. Besser so, brauchte sie sich nicht mehr aufzuregen.

Es wurde Zeit zu packen. Nur noch den Hibiskus ... Vorsichtig schob sie sich an der alten Koch vorbei, die im Sessel eingeschlafen war. Bestimmt war sie wieder hackevoll. Sie schnarchte mit offenem Mund, die Barthaare zitterten neben dem riesigen Basaliom an der Nase. Susanne Holbe unterdrückte mit Mühe ein Würgen. Die Alte hatte sich schon wieder vollgepinkelt. Aber was ging sie das noch an? Schade, wirklich schade, daß keine Zeit mehr blieb. Hast Glück, alte Hexe! Es mußte mit dem gehen, was sie hatte. Den Rest ... ach, François würde schon alles regeln. Nur um den Banyanbaum tat es ihr leid, und um den Mauritiushanf.

Stanislaus Siegelkötter fuhr bekümmert mit dem Finger über die Schrammen an seinem Türrahmen, die Heinrichs' und van Appeldorns hastiger Schreibtischtransport hinterlassen hatte.

»Wir haben doch sowieso die Handwerker im Haus«, meinte van Appeldorn munter. »Das können die in Nullkommanix beimachen.«

»Nullkommanichts?« fragte Siegelkötter heiser. »Die Fenster kommen frühestens morgen. Vor Freitag sind die in Ihrem Büro nicht fertig.«

»Wenn wir alle ein bißchen zusammenrücken ...« meinte Toppe.

Stasi sah ihn an, als käme er von einem anderen Stern und explodierte wie geplant. »Ich soll mit Ihnen zusammenrücken? Ich soll mir den ganzen Tag diesen Saustall angucken?« Damit riß er Toppes Jackett von dem Bilderrahmen, an dem es hing, und warf es Toppe vor die Brust.

»Aber wenn doch selbst Sie keine andere Lösung finden«, meinte van Appeldorn. »Wir sind wirklich zu allem bereit, Herr Siegelkötter, aber Sie selbst müssen zugeben, daß das Vernehmungszimmer einfach zu klein für uns alle ist.«

Stasi mußte es zugeben.

»Obwohl«, grübelte Toppe, »bis Freitag ...« Er sah in die Runde. »Was meint ihr? Wenn wir nur das Allernötigste reinstellen, irgendwie ...«

Siegelkötters Mundwinkel schoben sich langsam nach oben.

»Nun ja ...« brummte van Appeldorn zögerlich, »aber eigentlich ... nein, ich wüßte nicht, wie das gehen sollte.«

»Wir haben gerade jetzt überhaupt keine Zeit für einen Umzug«, entschied Heinrichs. »Und bis ich meine ganzen Papiere wieder in der richtigen Ordnung habe ... nein!«

Siegelkötters Mundwinkel fielen herab.

»Ach kommt, Kinder«, klatschte Toppe in die Hände. »Wenn wir alle einen Schlag reinhauen! Aber vorher müssen wir mit dem Chef unseren nächsten Schritt im Fall te Laak abstimmen ...«

»Exhumierung?« schrie Siegelkötter. »Fünf Leichen?«, und seine Stimme überschlug sich dabei.

24

»§ 87.3 StPO: Zur Besichtigung oder Öffnung einer schon beerdigten Leiche ist die Ausgrabung statthaft«, sagte Heinrichs. »Und es besteht nun mal der begründete Verdacht ...«

»Ja, ja, ja«, schnauzte Siegelkötter, lenkte aber sofort ein – er war zu scharf darauf, sie endlich loszuwerden. »Wir benötigen eine richterliche Anordnung. Darum werde ich mich ausnahmsweise selbst kümmern. Den Rest erledigen aber Sie!«

Und so schleppten sie mal wieder ihre Habe über den Flur, räumten das Vernehmungszimmer um und überlegten: in ihrem Fall hatte zumindest der Staatsanwalt bei der Exhumierung dabei zu sein; sie mußten also als ersten Dr. Stein benachrichtigen, dann Bonhoeffer, der mit seinem Assistenten die Leichenöffnung vornehmen sollte.

»Ich will mich ja nicht vordrängeln«, meinte Heinrichs. »Aber ich wäre schon gern bei den Sektionen dabei. Ich habe, wie gesagt, so meine Ideen, welche Gifte die Holbe verwendet hat. Vielleicht kann ich Arend behilflich sein.«

Der Erkennungsdienst mußte mit, einen Bestattungsunternehmer brauchten sie für den Transport der Leichen in die Pathologie. Da sie eine Vergiftung vermuteten, mußte auch noch ein Chemiker dabei sein, der zusammen mit dem ED das Mittelstück der Bodenplatte des Sarges, die Erde unter dem Sarg und an den Seiten untersuchte, außerdem, falls noch vorhanden, Kleidung und Schmuck, Kissen und Decke.

»Wir haben ja unheimliches Glück«, sagte van Appeldorn. »Wenigstens brauchen wir keine Angehörigen zu benachrichtigen.«

»Und was ist mit dem Großneffen von Larissa Heidingsfeld?« fragte Astrid.

»Eine Handvoll Jungs von der Schutzpolizei brauchen wir auch noch«, überlegte Toppe. »Sonst haben wir halb Uedem auf dem Friedhof.«

Er seufzte. »Mann, die Aktion wird wochenlang das Thema im ganzen Kreis sein.«

»Klar! Was meinst du, warum Stasi sich so angestellt hat?« feixte Heinrichs.

»Wie lange werden wir wohl brauchen?« fragte Astrid. »Bei einer Exhumierung war ich nämlich noch nie.«

»Fünf Leichen – das dauert locker zwei Tage«, schätzte van Appeldorn.

»Sechs«, korrigierte Toppe. »Du hast Otto Geurts vergessen.«

»Fünf«, beharrte van Appeldorn. »Otto Geurts ist doch noch gar nicht unter der Erde.« Er sah sich um. »Haben wir jetzt alle Klamotten hier? Ich bin ja doch irgendwie froh, daß wir in den nächsten Tagen aushäusig zu tun haben.«

»Bloß ich Idiot hab' mir den Aktenführer aufs Auge drücken lassen«, maulte Heinrichs.

»Ich denke, du bist in der Pathologie«, gab van Appeldorn zurück, »also jammer hier nicht rum.«

»Herr Toppe!« schallte Stasis Stimme über den Flur.

»Ja?« Toppe steckte den Kopf zur Tür raus.

»Ihre ganzen Anrufe landen bei mir auf der Leitung. Dabei habe ich extra in der Zentrale Bescheid gesagt. Aber Sie waren ja so intelligent, jedem Hanswurst meine Durchwahl zu geben. Sie sollen Ihre Frau anrufen!«

»Komisch«, brummelte Toppe und griff zum Telefon. Um diese Zeit arbeitete Gabi doch normalerweise. Ob was mit den Kindern war?

Sie nahm schon während des ersten Klingelns ab. »Gott sei Dank!«

»Was ist passiert?«

»Mein Vater hatte wieder einen Schlaganfall, diesmal ganz massiv. Kein Mensch weiß, ob er durchkommt. Ich muß ins Krankenhaus, und ich habe keine Ahnung, wann ich da wieder weg kann.«

»Keine Panik. Wann haben die Kinder Schule aus?«

»Viertel nach eins.«

»Ich hole sie ab und nehm' sie mit zu mir. Und du meldest dich dann zwischendurch.«

»Kannst du denn weg?«

»Heute geht das schon irgendwie. Morgen hättest du mich gar nicht im Büro erreicht.«

»Danke!«

»Na, hör mal! Halt die Ohren steif. Bis später.«

Die Hand auf dem Telefon überlegte er, was er wohl zu Mittag kochen konnte und was er noch einkaufen mußte.

Die anderen sagten kein Wort, sahen ihn nur herausfordernd an.

»Was ist denn?« fragte er irritiert.

»Du blockierst die einzige Leitung, die wir hier haben«, erklärte van Appeldorn. »Wenn die Aktion morgen steigen soll, müssen wir noch ein paar Anrufe tätigen.«

Toppe schob ihm den Apparat hin. »Ich laufe eben hoch und klär' das mit dem ED ab. Die können sich dann auch um den Chemiker kümmern.«

Als er die Tür öffnete, strahlte ihm Ackermanns Schratgesicht entgegen.

»Hatt' ich also doch den richtigen Riecher! Ich wollt' ja erst schon 'ne Vermißtenanzeige aufgeben, aber mit 'n bisken Kombinationsgabe ... Ihr konntet eigentlich bloß hier sein. Wat hab' ich munklen hören? Ihr wollt 'n paar Omas ausbuddeln?«

Toppe lachte kopfschüttelnd. »Woher wissen Sie das denn schon wieder?«

»Gott, Wände haben Ohren ...« Ackermann schielte schelmisch zur Decke. »Nee, aber der Alte war grad' am telefonieren, als ich mir seinen Karl-Wilhelm holen mußte für mein' Durchsuchungsbefehl.« Er spähte neugierig in die Runde. »Hier kann man sich ja nirgends setzen.«

»Nein«, antwortete van Appeldorn. »Und was willst du durchsuchen?«

»Na, die Wohnung von der Holbe! Wat sons'? Die Dame is' eindeutig diejenige, welche. Dat is' die einzige, die dat Geld auf Seite schaffen konnte. Alle Vollmachten; die Jungs vom Stiftungsbeirat haben der ihr ›vollstes Vertrauen‹ ausgesprochen. Die Herren hab' ich einzelnt durchgecheckt, un' zwar gründlichst. Hat 'n bisken länger gedauert wie sons', aber man kennt ja schließlich auch kein Schwein in Uedem.«

Heinrichs konnte sich das Lachen nicht verkneifen. »Im Ernst? Keine Nichte von deinem Schwager, keine Kusine von eurem Vereinsvorsitzenden sein' Onkel?«

Ackermann breitete bedauernd, aber fröhlich die Arme aus. »Wenn ich et doch sach! Da muß ich echt passen. Aber ich mein' ja sowieso, dat für uns echte Niederrheiner Uedem grad' ma' ebkes noch dabei gehört, wenn et ja auch eigentlich die Grenze is'.«

»Was denn für eine Grenze?« fragte Toppe verdutzt.

»Uedem war im Mittelalter die Grenzfeste der Grafen von Kleve gen Westen«, erklärte Astrid.

»Ach, so genau weiß ich dat gar nich'«, sagte Ackermann und lehnte sich an die Wand. »Aber is' doch ir'ndwie komisch, dat man dat noch so merkt. Wie mein Vater schon sacht: ›mit siebzehn bin ich von zu Hause weg; da war ich dat erste Mal hinter Uedem‹. So isset einfach. Un' ich kann euch sagen, Kinder, die sind so wat von eigen. Sind ma' bloß vier Gemeinden. Un' wat machen die? Kriegen sich gegenseitig anne Köppe. Uedemerfeld un' Uedemerbruch, dabei sind dat doch bloß 'n paar Gehöfte. Un' ma' erst zwischen Keppeln un' Uedem – da is' vielleich' immer wat los! So wat habbich echt noch nie gehört.« Sein ganzer Körper schüttelte sich vor Ungläubigkeit.

»Ach ja?« meinte van Appeldorn. »Und wie ist das zwischen Kranenburg und Scheffenthum?«

»Oder zwischen Kleve und Kellen?« ergänzte Astrid.

Ackermann tippte sich an die Stirn. »Dat kann man ja wohl nich' vergleichen. Bei uns isset ja noch ir'ndwie verständlich. Aber die da? Da gibbet Sachen wie ›vor‹ un' ›hinter‹ de Bahn. Dat is' wichtig, wo man wohnt: vor oder hinter de Bahn! Dat muß man sich ma' vorstellen: klauen sich gegenseitig bei Nacht un' Nebel Denkmäler. Aber wen'stens können se selber noch drüber lachen. Hat mir der Küster erklärt: der Brunnen da auf 'm Markt, dat sollen nämlich die vier Gemeinden sein. Un' ihr wollt jetz' also die Ruhe der Toten stören. Ts, ts, ts ...«

Zum ersten Mal holte Ackermann Luft, sein Päckchen Tabak aus der Hosentasche und rollte sich eine Zigarette. Beim Anlecken des Blättchens zog er die Oberlippe hoch und gab den Blick frei auf fünf oder sechs Zahnruinen. »Un' ihr meint echt, dat die Holbe die alle in't Jenseits befördert hat?«

»Wer hat denn was von Susanne Holbe gesagt?« fragte van Appeldorn interessiert.

Ackermann war von Kopf bis zu den Schnürstiefeln ganz Mißbilligung. »Nu' bitt' ich dich aber, Norbert! Meinste, ich kann nich' zwei un' zwei zusammenzählen?« Er zündete sich die Zigarette mit seinem Sturmfeuerzeug an; die Flamme war mindestens zehn Zentimeter lang und fauchte gefährlich. »Bloß schad', dat ich nich' dabei sein kann morgen.«

Er stieß sich mit dem Fuß von der Wand ab und hinterließ einen fetten Schuhabdruck. »Ik mott loss! Wollt' sowieso bloß ebkes ma' reinkucken. Ach ...« Er spielte Columbo. »Dat Wichtigste hätt' ich fast vergessen. Die Herren Stiftungsbeirat hatten mit te Laak nix zu tun. Kannten den au' nich'. Wie gesacht: gründlich gecheckt. Die Jungs sind blitzsauber, jeder davon. Bloß mit dem Pastor hab' ich natürlich nich' gesprochen.« Er wieherte. »Der hat sich ja vom Acker gemacht«, nahm er die Zigarette aus dem Mund. »Dat muß ich ebkes noch erzählen ...«

»Ackermann!« unterbrach ihn van Appeldorn drohend.

»Wat is' denn, Norbert? Ich fand den Abgang echt Klasse. Hat doch Stil, oder wie? Mitten inne Messe, bei de Kommunion, einfach umkippen un' dabei noch durchgeistigt lächeln. Ich bitte dich! So wat krisse doch sons' bloß im Film geboten.«

»Wir haben noch eine kleine Nebenbeschäftigung.« Van Appeldorn blieb eisern.

»Is' ja schon gut. Wenn et ir'ndwie klappt, komm' ich morgen ma' kucken, wie et so löpt op den Uemse Kerkhoff.«

25

Heinrichs hatte darum gebeten, als ersten Karl Menge zu exhumieren, und war dann sofort nach Emmerich in die Pathologie gefahren, um sich mit Bonhoeffer zu besprechen.

Es war ein trüber Morgen; die Sonne hatte keine Chance gegen den fisseligen Regen, der langsam aber gründlich alle Kleider durchweichte. Astrid klebten die Haare in schwarzen Strähnen am Kopf. »Du wirst dir den Tod holen«, meinte Toppe und strich ihr leise mit dem Mittelfinger über die Lippen.

Sie waren fünfzehn Leute: je zwei Polizisten an den Friedhofstoren, van Gemmern und Berns, der Chemiker, zwei Totengräber, zwei vom Bestattungsunternehmen, Toppe, Astrid und van Appeldorn. Stein war mit Ackermann in Holbes Wohnung und hatte einen Vertreter geschickt, einen säuerlichen Mittvierziger, der die Zähne nicht auseinander kriegte.

»Irgendwie komme ich mir vor wie in diesem einen Boris Karloff-Film«, murmelte Astrid.

Die Verstorbenen aus dem Altenheim lagen alle auf dem neuen Teil des Friedhofs, gleich beim Seiteneingang, wo die Lebensbäume noch niedrig waren und die Bodendecker ihren Zweck noch nicht erfüllten. Handhohe Buchsbaumhecken teilten die durchgehenden Reihen in Einzel- und Doppelgräber. Ein paar Eriken bemühten sich tapfer um Farbe, sonst gab es nur Wintergestecke, bizarre Gebilde aus Tannengrün, trockenen Fruchtständen und leeren Samenhülsen. Hier und da brannte ein ewiges Licht.

Karl Menges Grab lag gleich am Wegkreuz. Die Totengräber hatten Mühe, den klobigen Grabstein aus der Verankerung zu hebeln. Ihre rhythmischen Kommandos schallten über den ganzen Friedhof. Die Bestatter standen, die Hände in den Manteltaschen und schienen es zu genießen, anderen bei der Arbeit zuzuschauen. Endlich kippte der Granitklotz.

Dr. Stein sah der Frau nach, die mit flatterndem Mantel die Treppe hinunterlief.

»Wissen Sie was?« meinte er zu Ackermann, der sich mittlerweile schon in der Diele von Susanne Holbes Appartement umschaute. »Das ist das erste Mal, daß ein Verdächtiger uns während einer Durchsuchung alleine läßt.«

»Se haben et doch gehört: die Pflicht ruft«, kicherte Ackermann, ging weiter ins Schlafzimmer und öffnete den Kleiderschrank.

Stein kam ihm nach. »Haben Sie keine Sorge, daß die Dame sich aus dem Staub macht?«

»Ich hab' zwei Jungs an ihr dran«, brummte Ackermann in bester Hollywoodmanier. »Dat Vögelken will ausfliegen, soviel is' ma' klar. Kucken Se ma' hier.«

Der Kleiderschrank war so gut wie leer, nur Bettwäsche und Handtücher waren noch da, ein Wintermantel, zwei Wollkostüme, ein Stapel Nachthemden.

»Un' wat sacht uns dat?« feixte Ackermann. »Da, wo se hin will, hat se't auf alle Fälle nachts noch heiß. Aber wat hilft uns dat? Solang' ich hier nix finde, kann ich der Tante gar nix.«

»Wieso machen Sie den Job hier eigentlich alleine?« fragte Stein.

Ackermann zwinkerte treuherzig. »Personalmangel wird dat genannt. Da habt ihr wohl keine Probleme mit.«

»Weniger. Wenn Sie mir erklären, was Sie genau suchen, bin ich gern behilflich«, bot Stein an. »Ich komme mir ein bißchen dämlich vor, wenn ich nur so rumstehe, und außerdem wollte ich heute noch nach Uedem.«

»Ich auch.« Ackermann erklärte ausführlich, während er den Nachtschrank durchwühlte und einen Stapel Briefe herausnahm, der mit einem roten Seidenband verschnürt war.

»Och, kiekt es, näs frugger. Dat macht se ja fast schon wieder sympathisch.«

Das Schlafzimmer war spartanisch: weiße Wände, grauer Boden, schwarzer Schrank, ein schmales Kiefernbett, Spiegelfliesen an der Tür. Nichts Persönliches, nicht mal ein Buch auf dem Nachttisch. Der einzige Farbtupfer war ein Hochglanzplakat, mit Stecknadeln an der Wand gegenüber dem Bett befestigt – eine Luftaufnahme von Mauritius.

Im Wohnzimmer war es nicht wesentlich gemütlicher. Stein stand vorm Bücherregal.

»Schauen Sie mal, hier fehlen eine ganze Menge Bücher. Überall Lücken, und nicht wieder zusammengeschoben.«

Aber Ackermann hörte ihn nicht. Er hatte im Schreibtisch Fotos und Briefe gefunden.

Bonhoeffer blätterte interessiert in Heinrichs' Aufzeichnungen. »Du machst mir heftig Konkurrenz, weißt du das?«

Heinrichs versuchte, nicht allzu geschmeichelt auszusehen. »War halt immer schon mein Hobby. Also, Karl Menge bringen sie uns als ersten. Ich tippe auf Rattengift.«

»Ja«, nickte Bonhoeffer, »Thalliumsulfat, das ist mir auch in den Sinn gekommen. Aber wenn du dir mal die Krankengeschichte ansiehst – der kann auch ganz natürlich gestorben sein. Da paßt alles zusammen: durch den Diabetes waren die Nieren angegriffen, und Polyneuropathien macht der auch.

Dann diese Eintragung hier: gegen das Rheuma hat der Arzt Goldspritzen angesetzt – die können Haarausfall verursachen. Ist sogar ziemlich häufig. Deshalb hat er das Gold abgesetzt; logisch, daß der Patient wieder über Gelenkschmerzen klagt.«

»Aber all das innerhalb der letzten vierzehn Tage vor Menges Tod? Und was ist mit Übelkeit und Durchfall? Und mit den Depressionen?«

»Kann alles ganz normale Ursachen haben. Aber gut, nehmen wir an, er ist mit Thallium vergiftet worden. Die Symptome passen, Exitus nach 11 bis 17 Tagen. Ursache ist ein Nierenversagen. Thallium ist leicht zu verabreichen, man braucht nur eine geringe Dosis, und es ist völlig geschmacklos. Es wäre das perfekte Gift für jemanden mit der Vorerkrankung.«

»Eben! Ich halte die Frau für sauintelligent. Du wirst sehen, bei den anderen Toten ist das genauso.«

Bonhoeffer sah ihn besorgt an. »Ich hoffe für euch alle, daß du dich nicht einfach nur verrannt hast, Walter.«

Aber Heinrichs war sich vollkommen sicher. »Wenn wir bei nur einer einzigen Leiche das Gift nachweisen können! Wie sieht das bei Thallium aus?«

»Wie lange ist der Mann tot? 36 Monate? Mit Weichteilen ist da nichts mehr. Wir müssen es mit den Knochen versuchen. Vielleicht haben wir ja Glück, und es sind noch ein paar Haare da. Dort ist Thallium am einfachsten nachzuweisen.«

Der Bestatter öffnete den Sargdeckel. Bis auf den Staatsanwalt waren alle nah herangekommen. Der Leichnam war vollkommen skelettiert, ein paar graue Haarbüschel standen vom Schädel ab.

»Schnell«, rief van Gemmern, »es wird doch alles naß.«

»So schlimm sieht er gar nicht aus«, murmelte Astrid.

»Warten Sie, bis wir zu denen kommen, wo diese netten, kleinen Tierchen noch tätig sind«, antwortete van Appeldorn.

Toppe hätte ihm am liebsten eine geschmiert. Er nahm Astrid in den Arm und zog sie mit sich zum Ausgang. Beim Umpacken des Leichnams in den Blechsarg wollte er nicht unbedingt zusehen. Der Chemiker hantierte im Grab mit einer kleinen Schaufel und verschiedenen Plastikbeuteln. Berns beugte sich über den Eichensarg. Die Beamten am Tor diskutierten mit den Anwohnern, die inzwischen mitbekommen hatten, daß es sich hier nicht um eine Beerdigung handelte.

»Wir hätten ein zweites Bestattungsunternehmen verständigen sollen«, meinte Toppe. »Die brauchen doch mindestens anderthalb Stunden, bis die aus Emmerich wieder zurück sind.«

»Ich kümmere mich drum«, sagte van Appeldorn, der ihnen nachgekommen war, setzte mit einer lockeren Flanke über das Friedhofstor, knallte den fünf, sechs Reportern, die ihn sofort umzingelten, ein »Kein Kommentar!« um die Ohren und verschwand im Polizeiwagen.

»Herr Ackermann, ich glaube, das hier dürfte Sie interessieren«, freute sich Stein. Er hatte, nach Ackermanns freundlicher Anweisung, jedes einzelne Buch aus dem Regal genommen und sorgfältig aufgeblättert.

Aus John Steinbecks *Früchte des Zorns* flatterte ein Papier auf den Boden. Es war ein Kontoauszug der Sparkasse Uedem vom 19. Januar 90, Kontostand: DM 87.628,66, Kontoinhaber: Johanna van Baal.

Ackermann hüpfte vor Freude. »Dokter, ich könnt' dich küssen! Der Beweis, dat auch die Toten 'n Zweitkonto hatten!«

»Sicher?«

»Aber hundertpro! Ich hab' doch all die anderen Kontoauszüge da. Bei der van Baal hat dat ganz knapp noch für so 'n Nobelgrabmal gereicht. Un' die Holbe hattet doch die ganze Zeit abgestritten, dat die lieben Verblichenen überhaupt 'n Zweitkonto hatten. Na, Gott sei Dank, ich hätt' ganz schön alt ausgesehen sons'. Dat Geld is' natürlich längs' nich' mehr auffe Kasse in Uedem. Dat is' wohl klar wie Klärchen.«

Stein klopfte ihm auf die Schulter und griff zum nächsten Buch.

Ackermann ließ sich auf den Boden plumpsen. »Ich nehm' ma' die unterste Reihe un' arbeite mich langsam zu Ihnen hoch. Sieht doch so aus, als ob die ihre Geheimnisse inne Welt der Literatur versteckt hat.«

»Röntgenfluoreszenzspektographie«, meinte Heinrichs aufgekratzt. »Ich glaub', das wird mein neues Lieblingswort.«

Bonhoeffer hatte mit seinem Assistenten in der Prosektur alles vorbereitet, was nicht so ganz einfach gewesen war, denn Heinrichs hatte überall im Weg gestanden, seine Nase in jedes Gerät gesteckt und sie mit hundert Fragen gelöchert. Jetzt konnten sie nur noch warten.

Heinrichs rieb sich die klammen Hände. »Ich springe mal hoch und gucke nach, wo die bleiben.«

Das letzte Buch in Ackermanns Reihe war ein Bildband über Inseln im Indischen Ozean. Zwischen den Seiten 84 und 85 lagen zwei relativ schlechte, aber doch lesbare Kopien.

Es handelte sich um eine Option auf zwanzig Prozent der Anteile an einer Ferienclubanlage auf Mauritius, ausgestellt auf Susanne Holbe. Vertragspartner war eine englische Firma mit Sitz in Birmingham. Das zweite Papier war ein Vorvertrag zwischen selbiger Firma und Frau Holbe, in dem der Preis für die Anteile mit DM 750.000 angegeben war. Der Vertrag war im letzten August in Port Louis geschlossen worden. Als voraussichtlicher Baubeginn war der 1.6.92 angegeben.

Um Viertel nach zwölf machte sich der Leichenwagen mit den sterblichen Überresten von Martin Heisterkamp auf den Weg nach Emmerich, und Toppe setzte eine einstündige Mittagspause an. Es war viel schneller gegangen, als er erwartet hatte, und wenn alle durchhielten, konnten sie es noch vor Einbruch der Dunkelheit schaffen. Als er in die Gesichter der Gaffer rund um den Friedhof schaute, hätte er am liebsten gekotzt. Kinder steckten ihre kleinen Köpfe durch die Lücken im Tor und staunten. Solange die Eltern daneben standen, konnten die Polizisten kaum was dagegen tun.

Toppe fühlte sich verantwortlich für die ganze Aktion, und je länger sie dauerte, um so unerträglicher wurde er sich der Unmenschlichkeit und der Verachtung bewußt. Er war nur froh, daß van Appeldorn endlich die Klappe hielt.

In der letzten Stunde hatte keiner auf dem Friedhof mehr als das allernötigste gesprochen.

Berns und van Gemmern verschwanden mit dem Chemiker im Transit, der Staatsanwalt war nirgendwo zu entdecken.

Die beiden Totengräber hatten sich auf Johanna van Baals flachgelegten monströsen Grabstein gesetzt, die Henkelmänner zwischen den Knien. Sie hatten zügig gearbeitet und mußten ziemlich kaputt sein, aber auf Toppes Anteilnahme kam nur was von »mit links, jeden Tach« und »Sie können pünktlich Feierabend machen, Meister«.

»Was ist?« klopfte ihm van Appeldorn auf die Schulter. »Wie war das noch mit was Geherztem? Auf nach Bella Napoli?«

Toppe sah sich nach Astrid um. Sie studierte auf der anderen Seite des Weges die Grabsteine.

»Astrid«, rief er leise. »Hast du Lust auf eine Pizza?«

Sie kam sofort zu ihm, aber sie schüttelte den Kopf. »Ich hab' überhaupt keinen Hunger.«

Er legte ihr den Arm um die Taille und drückte sie kurz. »Ach komm, laß uns mal für eine Stunde hier verschwinden. Es tut allein schon gut, wenn wir mal ins Trockene kommen.«

»Hei, was haben wir denn da?« Bonhoeffers Augen funkelten.

»Das sieht gar nicht so schlecht aus«, murmelte er, »gar nicht so schlecht.«

Heinrichs hielt die Luft an.

Van Appeldorn hatte recht gehabt, der erste Leichnam war bei Weitem der appetitlichste gewesen. Als der vierte Sarg geöffnet wurde, schlug ihnen ein unerträglicher Geruch entgegen. Bei Wendelin Mairhofer konnte man noch Weichteile erahnen, auch die Haut war noch mehr oder weniger vorhanden. Der Mann war unsagbar fett gewesen.

Astrid legte die Hände vor die Augen. Als sie van Appeldorn hinter sich würgen hörte, rannte sie los.

26

Um fünf Uhr hatten sie es tatsächlich geschafft.

Die beiden Totengräber nahmen ihre Spaten und Schaufeln und verschwanden grußlos in der Dunkelheit. Berns weigerte sich lauthals, noch irgendeinen Handschlag zu tun, obwohl ihn überhaupt niemand darum gebeten hatte. Auch van Gemmern und der Chemiker machten für heute Feierabend. Der Staatsanwalt war schon vor über einer Stunde gefahren.

Astrid ließ sich zu Hause absetzen, um zu duschen und sich was Trockenes anzuziehen. Toppe und van Appeldorn fuhren direkt zum Präsidium. Sie waren unter ihren dicken Parkas relativ trocken geblieben. Nur die Hosenbeine waren schmutzig und feucht bis zu den Knien, die Schuhe lehmverschmiert.

Blitzlichter flammten auf, als sie aus dem Auto stiegen. Sie drängelten sich mit lang eingeübten Steingesichtern durch einen ganzen Pulk von Reportern und liefen die Treppe hinauf. Siegelkötter stand in der Tür zu seinem Büro. »Haben Sie denen was gesagt?« fragte er aufgeregt.

»Haben Sie einen heißen Kaffee für uns?« meinte van Appeldorn.

»Selbstverständlich«, nickte Stasi. »Kommen Sie herein, wir warten schon auf Sie.«

Zu spät bemerkte er den Zustand ihres Schuhwerks.

Ackermann und Stein saßen, jeder eine Kaffeetasse vor sich, gemütlich auf dem Ledersofa.

Siegelkötter ging zum Fenster und spähte vorsichtig hinaus. »Ich habe die ganze Bande eben rausgeschmissen und sie mit einer Pressekonferenz morgen vertröstet.«

Toppe schnellte herum, aber Siegelkötter winkte jovial ab. »Sie brauchen sich um nichts zu kümmern. Ich mache das schon.«

Was war denn mit dem los? Soviel Pomade. Wegen Stein? Aber schon war es wieder vorbei. Stasis Kiefer mahlten. »Genau, wie ich es Ihnen prophezeit habe. Gnade Ihnen Gott, wenn sich die ganze Sache als eins von Ihren Hirngespinsten entpuppt! Dafür halte ich meinen Kopf nicht hin.«

»Gott?« fragte van Appeldorn.

Astrid kam in Strickleggings und einem dicken grauen Pullover, der so groß war, daß ihre Hände in den Ärmeln verschwanden. Sie hatte sich nicht geschminkt.

»Habt ihr schon was aus der Pathologie gehört?« fragte sie.

»Nein«, sagte Toppe und hätte am liebsten den ganzen Kram hingeschmissen und sich mit ihr verdrückt, irgendwohin, wo es wärmer war.

»Na, dann wollen wir euch ma' wat erzählen«, sagte Ackermann, der bisher nur Kaffee getrunken hatte. »Ich mein', dat muß 'n ganz schön harter Tach für euch gewesen sein, deshalb mach' ich et kurz.« Und er zeigte ihnen kommentarlos die Option und den Vorvertrag.

»Is' klar?« packte er die Papiere wieder zusammen. »Wegen Betruch fährt die Tante scho' ma' auf alle Fälle ein. Ich will aber auch an die Knete ran, deshalb müssen wer mit de Verhaftung noch 'n bisken warten. Jetz' is' bloß noch die Frage: wat is' mit Heinrichs' Hirngespinst?«

Siegelkötters Telefon schellte. Er meldete sich militärisch, lauschte und streckte dann den Arm mit dem Hörer aus. »Für Sie, Herr Toppe.«

Heinrichs war heiser vor Aufregung: »Thalliumsulfat! Karl Menge ist vergiftet worden. Mit Rattengift.«

Toppe atmete ganz tief durch.

»Du sagst ja gar nichts!« kiekste Heinrichs. »Wir haben die Holbe am Wickel, Mensch!«

»Haben wir nicht, Walter«, bremste Toppe ihn aus. »Weißt du auch selber. Menge ist vergiftet worden, prima. Leider steht nicht dran, von wem. Macht ihr Schluß für heute?«

»Gott bewahre! Wir sind gerade mal warmgelaufen.«

Toppe mußte wider Willen lachen. Da hatten sich die beiden richtigen gefunden. Arend schob ungern Arbeit vor sich her, nahm Überstunden und auch schon mal eine Nachtschicht in Kauf, wenn er sich dafür den ein oder anderen Tag ganz freinehmen konnte.

»Arend hat jetzt Martin Heisterkamp aufliegen. Mit Johanna van Baal ist es leider nicht so gelaufen, wie ich gehofft hatte. Ich bin ja immer noch für die weißblühende Trichterwinde – die hat reichlich LSD im Samen. Und Arend war auch ganz angetan davon. Erinnerst du dich? Der Köster hat doch geschrieben, daß die Frau ewig geschrien hat, bevor sie gestorben ist. Und Arend meinte auch, das wäre ganz typisch: Krämpfe und Schreilust. Bloß ...« Man konnte seiner Stimme anhören, wie sehr er sich ärgerte. »LSD läßt sich leider nicht nachweisen. Verdammt perfektes Gift!«

Ackermann war der einzige, der sich über die Nachricht freuen konnte. »Nu' laßt mal den Kopp nich' hängen, Kinder! Ihr findet den Beweis schon noch. Ihr seht et doch an mir.«

Wieder klingelte das Telefon, und wieder kam Stasis ausgestreckter Arm. »Für Sie, Herr Toppe.«

Er konnte Gabi kaum verstehen, so sehr schluchzte sie. Sie stammelte irgendwas von »Pflegefall«.

»Ich komme, so schnell ich kann. In einer halben Stunde, okay?«

Ackermann verteilte Tassen und Kaffee. »Mann, ich sach' euch, die Holbe! Ganz komische Heilige, wat Dokter?«

Stein nickte, überließ aber genüßlich Ackermann das Reden.

»Wenn ich et auf 'n Punkt bringen müßt', ich würd' sagen, die Frau is' ir'ndwie tot. In diese unsere Welt lebt se jedenfalls nich'. Die existiert bloß für ihr Mauritius. Un vielleich' noch für ihren Macker da unten. Wat an persönlichen Sachen da war bei der, dat war all' steinalt. Fünfhundertsechsenfuffzig Fotos von de Insel, den Jungs da unten, de Lan'schaft, dat Meer, ihr Frangsoa un' manchma' auch von Susi selbs'.«

»Fünfhundertsechsundfünfzig?« grinste van Appeldorn. »Hast du die durchgezählt, Jupp?«

»Ach wat! Dat sacht man doch so. Aber Fotos von früher? Wenn et hochkommt, vielleich' zehn Stück. Eins von Mama un' Papa, eins von Klein-Susi mit ihre Tante, wo Haus Ley noch en Hof war, un' dann noch so 'n paar vergilbte, wo ich nix mit anfangen konnt'. Paar Briefe von Studienkollegen, aber auch tote Hose, der letzte is' von 76. Wat noch? Ah ja, 'ne Zehnerkarte vonne Sonnenbank. Un' dat war et.«

»Moment«, sagte Stein. »Was ist mit den Büchern? Da fehlen doch mindestens fünfzehn Stück im Regal.«

»Habt ihr denn Chemiebücher gefunden?« fragte Toppe. »Irgendwas über Toxikologie?«

»Nicht eins«, antwortete Ackermann.

Toppes Gesicht und Hände stellten ein lautes »Na, seht ihr!« in den Raum.

»Meinste?« flüsterte Ackermann. »Verräterische Anmerkungen un' so?«

Das Telefon schrillte wieder. Stasi hatte sich inzwischen in die Stoikerrolle geflüchtet. »Für Sie, Herr Ackermann.«

Ackermann sprang auf, als hätte er die ganze Zeit auf dieses Stichwort gewartet.

»Verdammte Kacke!« brüllte er ins Telefon. »Bleibt bloß an ihr dran. Ich schaff' dat ir'ndwie noch.«

Er knallte den Hörer auf die Gabel und blickte wild um sich. »Die Holbe macht sich aus 'em Staub. Direkt vonne Arbeit aus. Hat sich grad in Uedem auffe Autobahn gesetzt.«

Er schlug sich zweimal mit der Faust gegen die Stirn. »Ich Hornochse! Wieso hab' ich nich' dran gedacht? Die hatte doch die Koffer un' alles längs' im Auto liegen. Mein Kadett bringt dat nich'«, jammerte er, »... 'n Dienstwagen ...«

Van Appeldorn hatte seinen Parka schon in der Hand. »Der Dienst-BMW steht unten auf dem Parkplatz. Hab' ich gerade eben noch mit eigenen Augen gesehen.« Er faßte Ackermann beim Arm. »Uedem? Das ist eine knappe halbe Stunde Vorsprung. Schaffen wir locker.«

Es war gar nicht nötig, Ackermann mit sich zu ziehen.

Die Tür fiel hinter den beiden ins Schloß, aber van Appeldorns schneidendes »Dienstreiseantrag wird ordnungsgemäß nachgereicht« war noch deutlich zu vernehmen.

Siegelkötter suchte nach einem passenden Gesicht.

»Dalli, Norbert!« Ackermann tobte die Treppe runter. »Die Holbe hat 'n Golf GTI. Nich' grad dat langsamste Gefährt.«

Gabi war einfach nur fertig – seit 35 Stunden hatte sie nicht mehr geschlafen. Sie hockte auf den Stufen vor seiner Wohnungstür, und als sie ihn sah, fing sie sofort wieder an zu weinen. Toppe legte seine Arme um sie und streichelte ihren Rücken. Ohne viele Worte nahm er sie mit in sein Schlafzimmer, legte sie aufs Bett und zog ihr die Schuhe und den Mantel aus. Dann legte er sich neben sie und hielt sie fest, bis sie eingeschlafen war.

»Du fährst aber 'n ganz schön heißen Reifen, Norbert«, lachte Ackermann.

»Man kommt ja sonst nicht dazu.«

Ackermann kicherte. »Meine Alte kann dat au' nich' ab.«

Sie waren schon hinter Sinzig auf der A 61 Richtung Koblenz, als sie Ackermanns Kollegen endlich sichteten.

»Jungs«, quietschte Ackermann in den Funk. »Kuckt ma' innen Spiegel.«

»Habt ihr die Tante im Visier?« kam es trocken zurück.

»Aber hallo! Wat denks' du denn?«

»Bitte wahren Sie Funkdisziplin«, murmelte van Appeldorn, überholte und setzte sich direkt hinter den schwarzen Golf.

»Gute Arbeit, Jungs!« brüllte Ackermann. »Wir übernehmen jetz'. Un' für euch: nix wie ab inne Heia. Mama freut sich!«

Er rieb sich mit den Handflächen über die Oberschenkel. »Gleich wissen wer mehr«, sagte er gespannt. »Da! Sie fährt in Mendig ab. Jetz' isset klar. Ich habbet die ganze Zeit nich' gewußt: Liechtenstein oder Luxemburg? Wetten, dat die sich in Mayen auf de A 48 setzt un' dann abrauscht na' Luxenburg? Logo, von da gehen ja all die Flieger inne Südsee.«

»Südsee?« mokierte sich van Appeldorn und quetschte sich vor einen Laster.

»Hach, du weiß' doch, wat ich mein'. Aber vorher holt se sich noch die Knete ab, dat schwör' ich dir. Hausbank in Luxenburg is' ja inne letzten Zeit groß in Mode, wußtesse dat? Da spazierste einfach annen Schalter un' sachs': ich hätt' gern ma' meine halbe Million. Un' die krisse! Bar auffe Hand!«

»Wußte ich«, nickte van Appeldorn.

»Muß man sich ma' vorstellen!« Ackermann schüttelte ausgiebig den Kopf.

»Wie wär's denn mal mit Telefonieren?« fragte van Appeldorn mitten im nächsten Überholmanöver. »Von wegen Amtshilfe, Luxemburger Kollegen und so?«

»Dat können die besser von Kleve aus machen. Frau von Steendijk, Mädchen. Ich bräucht' ma' Ihren persönlichen Einsatz.«

Astrid waren über ihrem Bericht immer wieder die Augen zugefallen. Als Ackermanns Anruf kam, hatte sie gerade beschlossen aufzugeben.

Ihr Luxemburger Kollege entpuppte sich als ausgesprochen charmant, und es machte ihr Spaß, sich auf einen netten, kleinen Telefonflirt einzulassen.

Ackermann reckte sich. »Die wird ja wohl noch ir'ndwo übernachten, die Susi.«

»Das hoffe ich«, maulte van Appeldorn. »Ich bin nämlich ganz schön kaputt.«

»Soll ich ma' fahren?«

»Sieht das etwa so aus, als hätten wir Zeit für einen Fahrerwechsel?«

»Nee, ei'ntlich nich'. Die stocht echt, als wär' der Teufel hinter ihr her.« Ackermann lachte. »Dabei sind et doch bloß wir. Aber die muß bald ma' tanken ... Ah! Die Heimat meldet sich!«

Er nahm den Hörer ab.

»Die Kollegen erwarten euch an der Grenze. Dunkelblauer Peugeot«, sagte Astrid. »Viel Glück noch! Ich gehe jetzt ins Bett.«

Gabi hatte drei Stunden geschlafen wie tot. Jetzt lag sie auf dem Rücken, starrte die Decke an und erzählte. Der Arzt im Krankenhaus hatte ihr gesagt, sie möge sich keinen falschen Hoffnungen hingeben, ihr Vater bliebe ein Pflegefall. Für Gabis Mutter war daraufhin alles klar gewesen. Gabi sollte ihren Job aufgeben und den Vater pflegen.

»Du sollst was? Die spinnt doch! Da denkst du doch wohl

nicht eine Sekunde lang ernsthaft drüber nach!« rief Toppe empört.

»Was soll ich denn machen! Ist doch mein Vater.«

»Hat sie dich also schon wieder so weit«, knirschte er. »Es ist dein Vater, na und? Du bist erwachsen, hast eine Familie und ein Recht auf dein eigenes Leben, verflucht noch mal! Außerdem gibt es Pflegeheime.«

Sie schüttelte traurig den Kopf. »Die kann doch kein Mensch bezahlen. Und ich käme mir auch dreckig vor, wenn ich ihn einfach so abschieben würde.«

»Du?« Toppe hätte platzen können vor Wut. »Wieso du?« brüllte er. »Wer schiebt ihn denn ab? Doch wohl deine Mutter. Das ist doch ihr Mann. In guten wie in schlechten Tagen! War das nicht so? Und die selbst ist topfit. Warum kann sie ihn nicht versorgen?«

Sie wandte ihm das Gesicht zu, wußte aber nichts zu sagen.

Toppe nickte bitter. »Genauso hab' ich mir das vorgestellt. Wie lange hat sie dich diesmal bearbeitet, dir was von Pflicht und Dankbarkeit erzählt, he?«

Sie legte ihm die Hand auf den Mund und vergrub ihren Kopf an seiner Schulter. Seine Erregung traf ihn selbst völlig unerwartet.

»Die hat doch den Kopp am bluten!« meckerte Ackermann. »Parkt vor de Bank un' pennt im Auto! Die muß 'ne Standheizung haben.«

Van Appeldorn klappte den Sitz nach hinten und deckte sich mit seinem Parka zu.

»Ist mir vollkommen schnurz. Ich schlafe jetzt. Du hältst solange die Augen offen und weckst mich in zwei Stunden.«

»Schon klar«, sagte Ackermann und hibbelte eine Weile herum.

»Norbert?«

»Hm?«

»Ich spring' ma' ebkes na' hinten zu de Kollegen.«
»Hm.«
»Vielleich' können die uns ja wat zum Essen besorgen un' en Kaffee. Soll ich dir wat mitbringen?«
Aber van Appeldorn antwortete nicht mehr.

27

Bonhoeffer war schon eine ganze Weile bei der Arbeit, als Heinrichs um halb neun in Emmerich ankam.
»Wie sieht's aus? Hast du noch Lebergewebe gefunden?«
»Reichlich. Hier läuft gerade die Vorreinigung nach Stas-Otto.«
Heinrichs rümpfte die Nase. Heute roch es besonders schlimm.
»Und dann?«
»Dünnschichtchromatographie«, antwortete Bonhoeffer, zog die Handschuhe aus und lehnte sich gegen den Labortisch. »Prima vista hast du wohl auch diesmal wieder recht mit deiner Vermutung. Du hast offensichtlich den falschen Beruf.«
Heinrichs lächelte. »Nein, nein, mir ist mein Job schon ganz lieb.« Er deutete mit dem Kinn auf Martin Heisterkamps Leichnam. »Bei dem zum Beispiel fällt es mir nicht ganz leicht.«
»Es gibt Schöneres«, klopfte ihm Bonhoeffer auf die Schulter. »An den Geruch habe selbst ich mich immer noch nicht gewöhnt. Aber ich meinte auch gar nicht die Pathologie. Ich dachte eher an eine Stelle beim BKA, als Spezialist für Toxikologie, falls es so was gibt.«
»Da sei Gott vor! Laß mich mal schön hier in meiner Provinz. Mir kann das Leben im Augenblick gar nicht ruhig genug sein.«

Bonhoeffer nickte ernst. »Dein Infarkt war ganz schön happig. Wenn ich ehrlich bin, habe ich mich gewundert, daß die dich damals nicht gleich in Rente geschickt haben.«

»Ich habe mich strikt geweigert«, meinte Heinrichs und wechselte schnell das Thema. »Es war also Chloroform.«

»Nein, das wohl nicht. Mir sieht das mehr nach Tetrachlorkohlenstoff aus. Er hat Tuberkulusnekrosen an den Nieren, in der Lunge und der Speiseröhre habe ich Blutungen entdeckt.«

»Tetrachlorkohlenstoff? Ist das nicht das Zeug, das die in den chemischen Reinigungen verwenden?«

»Genau das.« Bonhoeffer beugte sich wieder über seine Apparatur. »Dann wollen wir mal sehen.«

»Mein Gott, hoffentlich steigt die Tussi bald aus!« schimpfte van Appeldorn. »Ich weiß nicht mehr, wie ich noch sitzen soll.« Er spürte jeden Knochen im Leib.

»Die Bank macht erst um neun los. 'n Stündken wirste dich noch gedulden müssen.«

»Daß die nicht erstickt ist in ihrer stinkigen Kiste. Die ganzen Scheiben sind beschlagen.«

»Die kennt sich eben nich' aus mit Pennen im Auto. Unsereiner weiß ja, dat man et Fenster 'n Itzken losmachen muß. Da! Se lebt noch.«

Susanne Holbe stieg aus und streckte sich. Aus dem Kofferraum holte sie eine kleine Reisetasche, überquerte die breite Straße und verschwand gegenüber in einem Bistro. Einer der beiden Luxemburger Kollegen folgte ihr auf dem Fuß.

»Die sind fit, die Jungs«, sagte Ackermann. »Bin ich froh, dat die deutsch sprechen. Ich hatt' schon Sorge.«

Van Appeldorn grinste frech. »Ist wohl nicht so weit her mit deinem Französisch.«

»Ich bin Altsprachler.«

»Du warst auf der Penne?« stutzte van Appeldorn.

»Klar! Du nich'?«

»Doch, doch ...«

»War bloß 'n Witz«, wieherte Ackermann. »Ich war an derselben alten Schleifanstalt wie du, drei oder vier Klassen unter dir. Dat de dat nich' mehr weiß'!«

Der Kollege kam mit einer großen Papiertüte aus dem Bistro. Van Appeldorn kurbelte die Scheibe runter.

»Guten Morgen«, grüßte der Luxemburger. »Ich habe mich gedacht, ihr habt Appetit.« Er schob die Tüte durchs Fenster: Chocolatines und warme Croissants.

»Bist 'n Engel«, jauchzte Ackermann.

Aber der Kollege winkte ab. »Die Verdächtige hat sich gerade auf der Toilette frisch gemacht und umgezogen. Jetzt nimmt sie ein kleines Frühstück.«

Schlag neun trat Susanne Holbe wieder auf die Straße, ging zu ihrem Auto, verstaute die Reisetasche und nahm einen braunen Aktenkoffer heraus. Sie trug jetzt ein korallenrotes Sommerkostüm und weiße Sandaletten.

»Bisken kühl für die Jahreszeit. Die wird sich den Arsch abfrieren, so leid et mir tut«, kicherte Ackermann schadenfroh.

»Mist!« fluchte van Appeldorn. »Sie guckt rüber. Hoffentlich sieht sie das Klever Kennzeichen nicht.«

Aber Susanne Holbe fuhr sich kurz durchs Haar, strich ihren Rock glatt, hängte sich die Handtasche über die Schulter und betrat die Bank. Kurz hinter ihr war ein Luxemburger Kollege, der andere schlenderte dreißig Sekunden später hinein.

»Schwein gehabt«, atmete van Appeldorn aus. »Ich vertrete mir jetzt die Beine.«

»Wart' noch«, hielt Ackermann ihn zurück. »Die kennt uns doch beide.«

»Ich passe schon auf, keine Sorge.« Van Appeldorn streckte seine Beine aus dem Auto. »Aah, tut das gut!«

»Ej! Et geht loss!« Ackermann stieß die Beifahrertür auf. »Der Kollege hat grad gewunken. Los komm, Mensch!«

Als Susanne Holbe das erste Bündel Geldscheine in den Koffer packte, legte sich ihr sachte eine Hand auf die Schulter. Sie zuckte zusammen und drehte sich dann langsam um.

Ackermann sah sie voller Bedauern an. »Dat Leben kann manchma' gemein sein, wa? So kurz vorm Ziel.«

Holbes Gesicht war wie aus Wachs.

Einer der Luxemburger Polizisten zeigte der Bankfrau am Schalter seinen Ausweis und gab ein paar knappe Erklärungen. Sie sperrte den Mund auf und nickte tumb.

Van Appeldorn schob sich neben Ackermann. »So, Frau Holbe. Sie tun jetzt das Geld in den Koffer, und dann können wir fahren.«

Susanne Holbe starrte auf ein Werbeplakat an der Wand und rührte keinen Finger.

»Auch gut«, meinte van Appeldorn und packte selbst das Geld zusammen.

»Die steht unter Schock«, raunte Ackermann, als sie zum Auto gingen.

»Die?« Van Appeldorn tippte sich an die Stirn. »Dazu ist die viel zu abgezockt.«

Während der nächsten sechs Stunden sprach Susanne Holbe kein einziges Wort.

Astrid hatte van Appeldorn noch nie so wütend gesehen. Er stürmte ins Zimmer und pfefferte sein Jackett in die Ecke. Unter den Achseln und auf dem Rücken seines Jeanshemdes zeichneten sich große Schweißflecken ab; er stank. Die letzten drei Stunden hatte er mit der Vernehmung von Susanne Holbe verbracht.

»Bitte!« giftete er Astrid an. »Ich überlasse unserer Fachfrau das Feld.«

»Mir?« fauchte Astrid zurück. »Mit meinen unzulässigen Suggestivfragen?«

»Hee«, ging Toppe dazwischen, »jetzt aber mal halblang!«

Heinrichs sah kreuzunglücklich aus. »Hat sie immer noch nichts gesagt?«

»Ach!« brüllte van Appeldorn und ließ sich auf einen Stuhl fallen. »Diesen Betrugsmist hat sie restlos zugegeben. Da war ja auch nichts zu machen. Sie hat sogar schon ganz brav Ackermanns dämliches Protokoll unterschrieben. Zu den Giftmorden sagt sie nur ganz schlicht ein Wort: Nein. Und sonst keine Silbe. Sie schweigt einfach und glotzt aus dem Fenster.«

»Na gut.« Astrid stand auf. »Versuch ich's halt mal.«

Van Appeldorn hörte sie gar nicht. Er hob seine Jacke auf. »Wißt ihr was? Mir ist das jetzt alles scheißegal. Ich geh' pennen. Ihr könnt mich alle mal.«

Heinrich stützte die Stirn in beide Hände und starrte auf seine Ergebnisse: Karl Menge war an Rattengift gestorben, Martin Heisterkamp an einem Lösungsmittel, Wendelin Mairhofer hatte Schierling zu sich genommen, Larissa Heidingsfeld Morphin, wie es in den unreifen Früchten des Schlafmohns vorkam. Bei Johanna van Baal hatten sie nichts nachweisen können, auch nicht bei Otto Geurts, aber selbst bei ihm ... Heinrichs hatte sich extra die Stelle aus Bonhoeffers Toxikologiefibel rausgeschrieben: *Bei plötzlicher Entziehung von Barbituraten können Kreislaufinsuffizienz und schwere Erregungszustände auftreten: In manchen Fällen führt der plötzliche Entzug unter grobem Tremor, profusem Schwitzen, Halluzinationen, vaskulärem Schock und hohem Temperaturanstieg zum Exitus.*

»Ich durchwühle den Müll und lasse Bodenproben aus dem Garten nehmen«, murmelte er. »Schierling, Schlafmohn, Knollenblätterpilz, da muß doch noch was zu finden sein!«

»Und?« antwortete Toppe. »Was hilft uns das? Indizien, mehr nicht.«

»Die Bücher«, beharrte Heinrichs. »Wenn wir die Bücher finden ...«

Toppe sah ihn nur an.

»Oder das Rattengift, die Flasche. Irgendwo muß sie sich das Zeug doch auch besorgt haben. Genau wie das Lösungsmittel.«

»Ja«, seufzte Toppe. »Das ist eine Möglichkeit. Wir müssen uns mal wieder die Hacken abrennen. Außerdem werden wir die nächsten Monate wohl im Altenheim verbringen, bis wir jeden einzelnen Todesfall rekonstruiert haben. Falls das überhaupt möglich ist ...«

Heinrichs schaute ins Leere. »Ich habe euch gesagt, die Frau ist sauintelligent. Allein schon die Auswahl der Gifte. Die paßten immer genau zur Vorerkrankung. Kein Mensch wäre drauf gekommen, daß die nicht normal gestorben sind. Ich glaube, die hat uns im Sack.«

»Abwarten«, sagte Toppe und schob seinen Papierkram zusammen. »Auch intelligente Menschen machen Fehler.«

28

Astrid fand Ackermann allein mit Frau Holbe im Büro vom K 4, alle anderen Kollegen hatten längst Feierabend gemacht.

Susanne Holbe sah zwar sehr müde aus, aber ihre Frisur saß immer noch perfekt, und das Make-up war nicht verschmiert. Sie blickte Astrid gerade in die Augen und begrüßte sie sachlich.

»Wie ist eigentlich Ihr Verhältnis zu Ihrer Tante?«

Die Holbe hatte Mühe, ihre Überraschung zu verbergen. »Gut«, antwortete sie mit einem deutlichen Fragezeichen in der Stimme.

»Sie mögen alte Menschen, nicht wahr?«

Darauf kam keine Antwort.

»Unsere Berufe haben eines gemeinsam«, sinnierte Astrid.

»Es ist schon sehr hilfreich, wenn man Menschen gern hat. Sie haben Toxikologie studiert?«

»Pharmazie.«

»Ach ja, klar, das habe ich verwechselt. Aber Sie haben in einem toxikologischen Institut gearbeitet. Das muß sehr interessant gewesen sein.«

Susanne Holbe drehte langsam den Kopf zur Seite und sah zum Fenster hinaus.

»Gifte faszinieren Sie, nicht wahr? Wenn man sich so die Fotos von Ihrem Garten anguckt ... Kann man diese Pflanzen eigentlich einfach so kaufen?«

Ackermann hatte die ganze Zeit leise mit den Fingern einen schmissigen Rhythmus auf die Tischkante getrommelt und zog ertappt den Kopf zwischen die Schultern, als Astrids Blick ihn traf. Sie biß sich auf die Lippen.

»Die Leute waren alt und krank. So haben Sie es doch gesehen, oder? Die mußten sowieso bald sterben.« Sie spürte, wie sie die Kontrolle verlor. »Das Geld hatten die nicht mehr nötig. Sie schon! Das kann ich alles noch nachvollziehen, nur eines nicht: warum haben Sie nicht gewartet? Warum mußten Sie sie töten?«

Susanne Holbe sah an Astrid vorbei zu Ackermann. »Ich bin müde.«

»Tja«, bedauerte Ackermann, »dat is' nu' Pech.«

»Haben nicht auch Häftlinge ein Recht auf Schlaf?«

Ackermann griente nur.

Toppe war überrascht, als er in die Kirche kam. Die Turnhallenfenster sahen von innen sehr schön aus, filterten das Licht zu einer ruhigen Kühle. Alles war fast protestantisch schlicht, die Farben angenehm puritanisch: Grau und ein wenig dunkles Rot. Rechts und links vom Eingang befanden sich das Taufbecken und eine kleine Marienkapelle. Im Querschiff unter einem hohen, glatten Kuppelbogen der Hochaltar. Toppe schritt leise den Mittelgang entlang. Der Küster war nirgendwo zu sehen, dabei hatte seine Frau gesagt, er sei bestimmt in der Kirche. Links unter der Empore für den Organisten und den Chor führte eine schmale Tür in die Sakristei. Sie war verschlossen. Toppe lugte durch das Fensterchen daneben. In dem quadratischen Raum standen lauter ausrangierte Möbel: ein alter Tisch, ein paar Stühle, ein Metallspind, gegenüber ein Kleiderschrank aus Kirschholz; an dem winzigen Fenster nach draußen hingen vergilbte Stores. Links hinten gab es eine zweite Tür, die nach draußen führen mußte.

Ein Geräusch ließ Toppe herumfahren. Durch den Seiteneingang kam Gottfried Bäcker herein, der Küster. Er war erstaunt. »Wieso interessiert sich die Kripo für unseren Pfarrer?«

Toppe lachte. »Eigentlich weiß ich noch gar nicht so genau, ob ich mich für ihn interessiere. Waren Sie auch in der Messe, in der Ihr Pfarrer gestorben ist?«

»Selbstverständlich. Der hätte mir was erzählt, wenn ich nicht in der ersten Reihe gesessen hätte.«

»War die Messe gut besucht?«

»Eher mager, würde ich sagen; zwanzig, dreißig Leute vielleicht. Sehr viel mehr sind's sonst zwar auch nicht – den meisten war der Pastor zu altmodisch. Aber letzte Woche war ja auch noch Karneval. Abends feiern und morgens dann um acht zur Messe, ist ja auch ein bißchen viel verlangt.«

»Was meinen Sie mit altmodisch?«

»Ich weiß nicht, man soll ja über Tote ... wie soll ich's ausdrücken? Ein gestrenger Katholik. Wenn es um Moral und um so Dinge wie Gerechtigkeit ging, dann konnte er sehr deutlich den Stellvertreter Gottes auf Erden rauskehren. Andererseits war er auch wieder komisch. So richtig kümmerte er sich meist nur um die Leute, die regelmäßig zur Messe kamen. Er sprach immer von dem ›heiligen Rest‹, der fest im Glauben ist.«

Toppe runzelte ungläubig die Stirn, Bäcker lächelte verlegen. »Ich weiß nicht, wie ich ihn sonst beschreiben soll ...«

»Was ist denn genau während der Messe passiert?«

»Die Messe ist gelaufen wie immer, und mitten in der Kommunion ist er umgekippt – Herzinfarkt.«

»Hatte er vorher schon mal Probleme mit dem Herzen?«

»Nicht daß ich wüßte.«

Jetzt war es an Toppe, verlegen zu gucken. »Entschuldigen Sie, aber ich war schon lange nicht mehr in einer Messe ...«

Dem Küster machte es nichts aus. »Der Pastor ist reingekommen, hat sich vorm Tabernakel verbeugt, ist mit den Meßdienern zum Altar ... dann kam, glaube ich, ein Lied, ja, dann Lesung und Predigt ...« Er kratzte sich am Kinn, murmelte: »Opfergang und Wandlung« und sah Toppe wieder an. »Und dann die Kommunion. Er sackte einfach zusammen, war ganz blau im Gesicht und hatte so Zuckungen. Aber er lächelte die ganze Zeit. Und dann war er tot.«

»Das war nach der Kommunion?«

»Eigentlich mitten drin, oder gegen Ende. Erst kamen die Meßdiener, dann der Lektor, dann kriegte ich meine Hostie und schließlich der Rest der Gemeinde.«

»Und während der ganzen Messe ist Ihnen sonst nichts Ungewöhnliches aufgefallen?«

»Nein, es war alles ganz normal wie immer.«

»Können Sie mir wohl ein paar Leute nennen, die in der Kirche waren?«

»Ja, sicher.«

Toppe notierte sich eine Reihe von Namen und Adressen. »Und wer hat Messe gedient?«

»Au, das weiß ich jetzt gar nicht mehr so genau, aber ich kann mal nachgucken.« Er holte einen dicken Schlüsselbund aus der Tasche und öffnete die Tür zur Sakristei. »Auf jeden Fall war der kleine Kai Holzbach dabei.«

»Danke«, rief Toppe. »Ein Name reicht mir schon.«

»Der wohnt gleich hier um die Ecke, drüben über der Metzgerei.«

Währenddessen saßen van Appeldorn, Heinrichs und Astrid im Steakhaus und beratschlagten. »Dauerverhör mit harten Bandagen ist die einzige Möglichkeit«, sagte van Appeldorn.
 Heute war das halbe Präsidium zum Mittagessen hier, denn die Renovierungsarbeiten waren inzwischen bei der Kantine angekommen. Am Nebentisch saß Ackermann und redete ohne Punkt und Komma auf eine Kollegin ein, die dabei seelenruhig und konzentriert ihr Pfeffersteak aß; sie arbeitete schon seit Jahren mit Ackermann im selben Büro.
 »Ich denke immer noch über Dr. Grootens nach«, meinte Astrid. »Warum sind Sie so sicher, daß er nicht mit drinhängt?«
 »Sicher kann ich natürlich nicht sein«, antwortete Heinrichs. »Aber es ist höchst unwahrscheinlich. Ich glaube nicht, daß die Holbe ihr Geld mit einem Mitwisser teilen wollte. Es war auch gar nicht nötig, ihn einzuweihen. Die hat das absolut perfekt gemacht. Grootens konnte gar keinen Verdacht schöpfen. Das meint Bonhoeffer übrigens auch, und der hat sich die Totenscheine und die Krankengeschichten ganz genau angeguckt.«
 »Wie auch immer«, unterbrach ihn van Appeldorn bestimmt. »Heute nachmittag knöpfen wir uns den Herrn Doktor vor. Wo steckt eigentlich Helmut den ganzen Morgen?«
 Beide Männer schauten Astrid an.
 »Mir hat er auch nichts gesagt«, verteidigte sie sich. »Ich habe ihn seit gestern nicht mehr gesehen.«
 »Hör' ich da eben wat von Grootens?« rief Ackermann.
 Es war ein Rätsel, wie er gleichzeitig reden und lauschen konnte.
 »Der Kerl sitzt in U-Haft. Hat mir vorhin die Mutter von

Rauschisch un' Sitte gesteckt. Un' den Apotheker hat er wohl gleich mit reingerissen.«

»Ts«, brummte Heinrichs. »Die Holbe weg, der Arzt im Knast ... bald können die im Haus Ley dichtmachen.«

Kai Holzbach saß am Küchentisch über seinen Hausaufgaben. Er war vielleicht zehn oder elf und das, was Toppe »ein ernstes Kind« nannte. Vermutlich war das nicht weiter verwunderlich bei der Mutter, die dicht an ihm klebte und Toppe mit argwöhnischen Blicken traktierte. Sie hatte ein blankgeschrubbtes BDM-Gesicht, ihr dünnes, helles Haar im Nacken zusammengebunden, und sie steckte in grauen, buffigen Hosen und einem ausgeleierten Nickipullover. Toppe wunderte sich still, daß man so was immer noch kaufen konnte.

»Das finde ich aber überhaupt nicht gut, daß Sie ein kleines Kind damit behelligen«, nölte sie. »Das kann für den Kai sehr schädlich sein, wenn er an das schreckliche Ereignis erinnert wird.«

»Ist nicht schlimm, Mutti«, wich Kai der streichelnden Hand auf seinem Kopf aus.

Der Junge schilderte den Ablauf der Messe im Prinzip genauso wie der Küster. »Pfarrer Heidkamp hat die Hostien verteilt, dann hat er den Wein getrunken und den Kelch abgestellt. Auf einmal hat er ein ganz komisches Gesicht gemacht und ist umgefallen. Und dann kam so ein Zeug aus seinem Mund.«

»Genug!« fuhr die Mutter dazwischen. »Das Kind muß wieder zur Ruhe kommen.«

»Nur eine Frage noch: war an dem Tag vielleicht jemand in der Kirche, den du nicht kanntest, Kai, oder jemand, der sonst nie kommt?«

Der Junge überlegte gründlich.

»Nein«, sagte er dann überzeugt. »Da waren nur die, die auch sonst da sind.«

Der Küster war dabei, welke Blumen aus der Bodenvase am Altar auszusortieren.

»Wer bereitet eigentlich den Wein und die Hostien für die Messe vor?«

»Der Lektor und ich.«

»Und wo bewahren Sie den Meßwein auf?«

»Im Schrank in der Sakristei. Soll ich es Ihnen zeigen?«

Er nahm Toppe mit. Auf dem obersten Schrankbrett standen vier volle verkorkte Flaschen Moselwein und eine angebrochene, die noch zu einem knappen Viertel gefüllt war.

»Das ist aber nicht zufällig die Flasche vom Karnevalssonntag?«

»Nein, die war leer.«

»Haben Sie den Wein damals auch aus einer angebrochenen Flasche genommen?«

»Mal überlegen ... ja, es war der Rest aus einer Flasche.«

Toppe spürte ein Kribbeln auf der ganzen Kopfhaut. »Ist die Außentür hier normalerweise abgeschlossen?«

»Ja, natürlich. Bloß nicht während der Messen.«

»War denn am Karnevalssamstag noch Abendmesse?«

»Ja, es waren aber nur sechs Leute da.«

»Was machen Sie mit den leeren Weinflaschen?«

»Die kommen in die Kiste für Altglas hier unterm Tisch und werden dann alle vier Wochen abgeholt.«

»Wann ist die nächste Leerung?«

»Morgen.«

29

Es kam Toppe unerhört lange vor, bis van Gemmern eintraf. Nach kurzer Zeit schon war ihm und dem Küster der Gesprächsstoff ausgegangen; ein paar Minuten hatten sie noch mit höflichen Floskeln überbrückt, dann hatte sich Gottfried Bäcker wieder an seine Arbeit gemacht.

Toppe fühlte sich ziemlich blöde, wie er da auf der Tischkante saß und die Flaschen im Auge behielt. Außerdem merkte er, wie ihm langsam die Füße abstarben. In der Sakristei gab es keine Heizung. Er bewegte die steifen Finger, rieb die Handflächen gegeneinander. Der linke Zeigefinger war bis zum Mittelglied schon ganz weiß. Vermutlich wurde es Zeit, mit dem Rauchen aufzuhören ...

Van Gemmern kam durch die Außentür und blieb einen Moment blinzelnd stehen, bis sich seine Augen an das Schummerlicht gewöhnt hatten.

»Ich habe gerade im Labor einen Versuch laufen. Allzuviel Zeit ist also nicht. Am besten, ich nehme die ganze Flaschenkiste einfach mit.«

»In Ordnung«, sagte Toppe. »Es sind auch nur fünf Flaschen.«

»Soll ich hier noch was machen?«

»Ja, ich bräuchte die Fingerspuren an der Schranktür.«

Van Gemmern nickte einmal knapp und machte sich an die Arbeit.

»Haben Sie eine Ahnung, wo die anderen sind?« fragte Toppe. »Im Büro habe ich heute keinen erreicht.«

»Die halbe Belegschaft sitzt im Steakhaus.« Van Gemmern pinselte Graphitpulver auf. »Die haben die Kantine geschlossen.«

Als sie wenig später in ihre Autos stiegen, hatte es angefangen zu schneien; lockere, nasse Flocken, die nicht einmal als Matsch liegenbleiben würden.

Toppe fuhr hinter dem ED-Mann her, der dahinkroch, als sei er auf einer Spazierfahrt. Dabei war die Straße zwar naß, aber überhaupt nicht glatt. Nach ein paar Kilometern wurde Toppe klar, daß van Gemmern einfach nur ein unsicherer Autofahrer war, der aus unerfindlichen Gründen mal schneller, mal langsamer wurde und zögerliche Überholmanöver unvermittelt abbrach.

Toppe seufzte. Vielleicht hätte er in der Kirche eine Kerze anzünden und beten sollen, daß seine Idee nicht ganz abwegig war. Gabi machte so was heute noch, wenn sie alle paar Wochen mit ihren Eltern zur Messe ging. Sein Magen schlug einen flinken Purzelbaum, als er an gestern abend dachte, wie sie miteinander geschlafen hatten, hastig und verzweifelt und trotzdem sehr vertraut. Hinterher hatten sie es beide vermieden, sich in die Augen zu sehen.

Er half van Gemmern mit den Weinflaschen.

»Wie lange brauchen Sie wohl?«

»Knappe Stunde.«

Das gesamte K 1, inklusive Ackermann, saß im Vernehmungszimmer und qualmte. Dabei bullerte die Heizung auf Hochtouren. Toppe hustete und riß das Fenster auf.

Ackermann gackerte Verständnisvolles.

»Wo hast du denn die ganze Zeit gesteckt?« rief Astrid.

»Ich war in der Kirche.«

Van Appeldorn lachte: »Meinst du tatsächlich, daß wir es nur noch mit Gottes Hilfe schaffen?«

»In Uedem.«

»In der Kirche in Uedem?« staunte Astrid. »Und was wolltest du da?«

»Och, ich hatte nur so eine Idee, nichts Konkretes«, meinte Toppe vage und bemühte sich, seine Anspannung zu verbergen. »Was habt ihr heute gemacht?«

Heinrichs drückte seine Zigarette aus. »Zur Abwechslung habe ich heute morgen mal mein Glück bei der Holbe versucht, aber leider konnte auch ich nicht landen. Jetzt mach's nicht so spannend. Erzähl schon!«

»Na gut, ich habe mir überlegt, wie wäre es denn, wenn te Laak doch mit jemand anderem vom Stiftungsbeirat gesprochen hat?«

»Aber ich hab' die alle echt genau überprüft«, verteidigte sich Ackermann.

»Bis auf den Pastor«, meinte Astrid gedehnt.

»Eben, der Pastor«, sagte Toppe. »Vielleicht ist te Laak ja auch beim Pastor gewesen und hat dann die Holbe damit unter Druck gesetzt. Das hätte zu ihm gepaßt. Ich könnte mir sogar vorstellen, daß er ihr das nur vorgemacht hat, und die Holbe hat kalte Füße gekriegt.«

»Und du meinst, sie hat erst te Laak und dann den Pfarrer vergiftet?« fragte Astrid.

»Möglich wär's doch.«

»Und womit?« fragte Heinrichs gespannt.

»Keine Ahnung. Auf jeden Fall, wenn was an meiner Idee dran ist, dann war das Gift im Meßwein. Am Samstag während der Abendmesse hatte Susanne Holbe Gelegenheit, unbemerkt in die Sakristei zu gelangen und den Wein zu vergiften. Er war in einer angebrochenen Flasche.«

»Mensch, Helmut«, Heinrichs war purpurrot im Gesicht. »Wenn da was dran ist!«

»Spekulationen«, knurrte van Appeldorn. »Mal wieder eines von Ihren Hirngespinsten, Herr Toppe! Und du, Walter, reg dich sofort ab, sonst müssen wir noch den Notarzt rufen.«

Van Gemmern brachte ein klares Ergebnis: In einer der Flaschen hatte er Reste von Kaliumchlorat gefunden, einem Insektenvertilgungsmittel.

»Das Zeug wird erst giftig, wenn man es in Wasser auflöst. Mit Alkohol allerdings ist es noch teuflischer; da ist die Wirkung ungefähr dreißigmal schlimmer. Wein war also die ideale Flüssigkeit.«

»Das heißt dann ja wohl, daß wir noch eine Leiche exhumieren müssen«, stöhnte Astrid.

»Und zwar schleunigst«, bestätigte van Gemmern. »Sonst wird es schwierig mit dem Giftnachweis. Aber der Mann ist ja erst zehn Tage tot, da kann man im Mageninhalt und im Stuhl noch extrem hohe Kaliumwerte finden.«

Toppe hatte die Hände gefaltet und sah van Gemmern eindringlich an.

Der nickte beruhigend. »Auf der Weinflasche sind reichlich Fingerabdrücke von Susanne Holbe, außerdem noch zwei an der Schranktür.«

Heinrichs sprang vom Stuhl hoch und knuffte Toppe in die Seite. »Helmut, du bist ein Genie! Warum bin ich da eigentlich nicht drauf gekommen?«

»Komisch«, sagte Astrid. »Da klügelt die Frau die raffiniertesten Giftmorde aus und scheitert an so was Albernem wie einem Fingerabdruck. Fast schon tragisch.«

»Klasse!« Van Appeldorn grinste sein müdestes Grinsen. »Jetzt können wir also beweisen, daß die Holbe den Pastor von Uedem umgebracht hat. Für die anderen sieben Toten gibt es nach wie vor nur Indizien.«

»Ja«, meinte Astrid. »Und was ist mit te Laak? Damit hat die ganze Geschichte doch angefangen.«

»Es ist unbefriedigend«, gab Toppe zu. »Aber immerhin: einen Mord können wir nachweisen. Mal sehen, wie sie sich hält, wenn wir sie damit konfrontieren. Um alles weitere kann sich Stein kümmern, und den rufe ich sofort an.«

»Wo ich jetz' die letzten Tage enger mit ihr zu tun hatt', hab' ich et eiskalt gespürt«, wisperte Ackermann dramatisch.

Alle sahen ihn an.

»Et is', wie ich et immer sach: et gibt einfach Frauen, die haben den Tod bei sich.«

Krimis von Leenders/Bay/Leenders

Königsschießen
Der erste Krimi mit dem Klever K 1
ISBN 3-89425-029-1 DM 14,80
»Das feucht-fröhliche Schützenfest in einem Dorf am Niederrhein endet jäh mit dem Mord am allseits beliebten Bäcker.« (Wiesbadener Kurier)
»... ein Krimi über das Leben und Sterben am Niederrhein ... ganz im Stil klassischer englischer Kriminalromane aufgebaut, obwohl es selbstverständlich ein echter Niederrhein-Krimi ist.« (NRZ)

Belsazars Ende
Der zweite Krimi mit dem Klever K 1
ISBN 3-89425-037-2 DM 14,80
Das tote Genie liebte schöne Lolitas, die Honoratioren lieben große Feste, und Astrid Steendijk liebt es spontan und intensiv.
»Die drei Autoren haben einen spannenden und heute fast schon selten guten Kriminalroman abgeliefert... Ein sehr empfehlenswerter Kriminalroman ...«
(Der evangelische Buchberater)

Jenseits von Uedem
Der dritte Krimi mit dem Klever K 1
ISBN 3-89425-045-3 DM 14,80
Auf der Herrensitzung im Karneval bricht Privatdetektiv te Laak tot zusammen - Giftmord? Welche Rolle spielen die beiden abgeschlachteten Zuchthengste? Was wollte sich te Laak vom dubiosen Apotheker Braun? Und wohin ist das Vermögen der toten Sopranistin Larissa Heidingsfeld verschwunden? Die Spuren führen Toppe und das Klever K 1 bis hinter Uedem, was nicht nur für Ackermann »feindliches Ausland« ist.

Feine Milde
Der vierte Krimi mit dem Klever K 1
ISBN 3-89425-057-7 DM 14,80
Zwei tote Säuglinge in einem Kleinlaster und ein überfahrener Kripo-Mann nahe der holländischen Grenze - kein Sommerloch für die Klever Kripo.